聚焦文化普及，传递人文新知

广雅

聚焦文化普及，传递人文新知

广　大　而　精　微

本译著系国家社科基金重大项目
《“海上丝绸之路”古代中东商旅群体研究》（16ZDA118）阶段性成果

暨南中外关系史丛书

［印度］哈迪·哈桑 著

徐弛 译

波斯航海史

The History Of Persian Navigation

·桂林·

波斯航海史
BOSI HANGHAISHI

图书在版编目（CIP）数据

波斯航海史 / （印）哈迪·哈桑著；徐弛译. -- 桂林：广西师范大学出版社，2023.5
（暨南中外关系史丛书）
ISBN 978-7-5598-5942-6

Ⅰ. ①波… Ⅱ. ①哈… ②徐… Ⅲ. ①航海—交通运输史—波斯帝国 Ⅳ. ①F551.9

中国国家版本馆 CIP 数据核字（2023）第 050493 号

广西师范大学出版社出版发行
（广西桂林市五里店路 9 号　邮政编码：541004
网址：http://www.bbtpress.com）
出版人：黄轩庄
全国新华书店经销
广西民族印刷包装集团有限公司印刷
（南宁市高新区高新三路 1 号　邮政编码：530007）
开本：880 mm ×1 240 mm　1/32
印张：6.625　　字数：160 千
2023 年 5 月第 1 版　　2023 年 5 月第 1 次印刷
印数：0 001~5 000 册　　定价：58.00 元

SUD
S.S.O
S.O
OUEST
EST
S.S.E

序

我读了哈迪教授的《波斯航海史》一书的部分内容，收获颇丰。除了数不胜数的阿拉伯和中国的史料，他还利用了所有可用的雕塑、绘画和钱币材料，得出了这样的结论：虽然萨珊王朝随着伊嗣俟三世的去世而宣告灭亡，但波斯人的海上活动一直持续到穆塔瓦基勒哈里发时期，才开始被阿拉伯人取代。作者拥有持续工作的巨大能力，他在筛选证据的细节方面有无限的耐心，尤其是他对于自己早期研究对象的热情。所有这些，非常清楚地反映在他所做的杰出工作之中。我毫不怀疑，哈迪教授的著作对波斯古代史的研究作出了非常重要的贡献。毋庸置疑，哈迪教授是一位才华横溢的波斯学者，他还将做出令人期待的更伟大的成就。

穆罕默德·伊克巴尔

MUHAMMAD IQBAL

拉合尔

前　言

我认为，真正的波斯航海史还没有写出来。虽然材料过剩，但偏见扼杀了探索。一个又一个作者宣称，波斯人惧怕和憎恶大海，这正是约翰·马尔科姆爵士和威廉·文森特伯爵的观点。寇松勋爵认为波斯海军是个笑话；赛克斯爵士，他的看法通常是严谨和冷静的，但他对波斯人的航海活动的理解几乎是矛盾的。这些是历史学家直接根据史料的判断，他们质疑波斯人在海上的统治力。其中最大胆的学者说："波斯从来就不是一个海洋民族。历史上没有任何地方提到过印度洋上的波斯舰队，甚至在波斯湾也没有；在地中海，他们的海上力量总是由腓尼基人、塞浦路斯人或埃及人构成。"然而人们意识到，甚至在这一页的墨迹未干之前，这些文字就已经过于宽泛和大胆了。一个脚注补充解释了这一点："笔者所指的是军舰，而不是商船。"因此这个问题就被搁置了。其他的注释不足以阻止这种泛化：该说的话没有说，看法的转变出现在少于十几页之地方。R.H. 梅耶尔在他对15世纪印度简介的第二页上说，"波斯人似乎对海洋有一种难以抑制的厌恶"，然而在第十页时，他开始“考虑一个更合理的关于波斯航海的概念”了：

> 正如我们已经说过的，在早期，波斯人表现出对海上贸易的极度厌恶，在帕提亚帝国覆灭之后，才开始对其重要性和价值怀有更为合理的想法。从经常出入波斯湾各港口的印度小商人那里可以得知，从那里到马拉巴尔和锡兰的航行安全和快速，他们的船只每年都在此航线进行航行，因此，为了换取钱币和他们本国的一些商品，他们不仅把印度的昂贵产品带回家乡，而且他们把能够在锡兰买到的中国产品带回家乡。通过这条航道，君士坦丁堡的富人可以消费大量来自印度的产品；鉴于此，加上一些其他原因，埃及贸易遭受了几乎等于毁灭的萧条……波斯人在与印度的贸易中取得了成功，这主要是由于他们将地理位置上的优势进一步扩大，以至于在古代就从中国输入锡兰的全部丝绸贸易最终落入了他们的手中。

既然波斯的船只每年都从波斯湾港口航行到马拉巴尔和锡兰，他们怎么可能会对海洋产生难以抑制的厌恶感呢？不一致和矛盾之处是经常相生相伴的两部分，概括解释这一切是历史学家的最终目的。

整本书试图将传说与历史、虚构与事实区分开来。既有支持的，也有反对的证据，在得出结论之前，先对证据进行筛选。参考文献来自各处，但我必须坦率地承认我欠罗林森教授、肖夫先生、费琅先生、劳费尔先生和皮尔斯少校的人情。印度图书馆的局限性使我无法使用伯希和教授的著作，也无法充分利用夏德博士对汉学的贡献。因此，在本卷中，没有涉及波斯人在里海中的航行。

在我的支持者中，最令我高兴的是我的大学副校长穆罕默德·穆扎姆米卢·汗爵士，他一直对我的工作感兴趣，现在他给了我一个机会，我可以成为伦敦东方研究学院的丹尼森·罗斯先生的学生。我的朋友J. 查普曼先生是加尔各答帝国图书馆天赋异禀的图书管理员，他送给我许多书，前副校长萨希布扎达·阿夫塔布·艾哈迈德·汗律师、仰光大学道格拉斯·哈默教授和G. H. 卢斯教授、利顿图书馆助理图书管理员巴希尔·丁先生，以及A. S. 特里顿·阿·库赖西教授、A. M. 谢里夫教授、A.B. A. 哈利姆教授、A. A. 梅蒙教授和E. C. 迪金森教授，他们的爱和同情让我受宠若惊。我很难说自己有什么优秀的地方，因为我欠朋友的太多了。我还必须感谢霍尔木兹·丁肖爵士、苏丹·艾哈迈德爵士、乌马尔拜·钱德拜先生和法德卢·丁先生对我的帮助，但没有比孟买大学、迈索尔大学和海德拉巴大学给我的帮助更大的了。在那里，通过奇曼拉尔·塞塔尔瓦德爵士、布拉詹德拉纳特·西尔爵士和纳瓦卜·海达尔·纳瓦兹·江爵士的帮助，我得以在波斯文学和文明的某些方面进行扩展。最后，我必须向道迪博拉社区的最高主教赛义德纳·瓦·马瓦拉纳·塔希尔·塞夫丁陛下表示感谢和感激。教皇陛下是与埃及杰出的法蒂玛哈里发联系在一起的第五十一位教皇，他的前任最初来自也门，在那里他们拥有苏丹的头衔。

我的妻子在准备索引方面对我帮助很大，我博学的朋友，大英博物馆的J. 阿兰先生，阅读了论著初稿，并向我提供了阿契美尼德钱币的模型：其他图版是经有关当局，特别是大英博物馆和印度办事处的许可复制的。

Hadi Hasan

哈迪·哈桑

东方研究学院

伦敦，1928年6月

目　录
contents

序

前　言

第一章　神话时代的波斯航海史 ～～ 002

第二章　阿契美尼德王朝航海史 ～～ 016

第三章　萨珊王朝兴起前波斯与东方的贸易史 ～～ 052

第四章　萨珊王朝航海史 ～～ 070

第五章　波斯航海史——穆罕默德时代早期 ～～ 116

第六章　10—16世纪的波斯航海史 ～～ 148

第七章　波斯文学的证据 ～～ 184

里海广阔无垠，他看到的那片深海，没有中点可以歇脚，更看不到尽头。他嘱咐船家备船渡他过河，阿弗拉西亚伯说：“乐见他葬身水中。”

——《列王纪》（*Shāhnāma of of Firdawsī*）

第一章

神话时代的波斯航海史

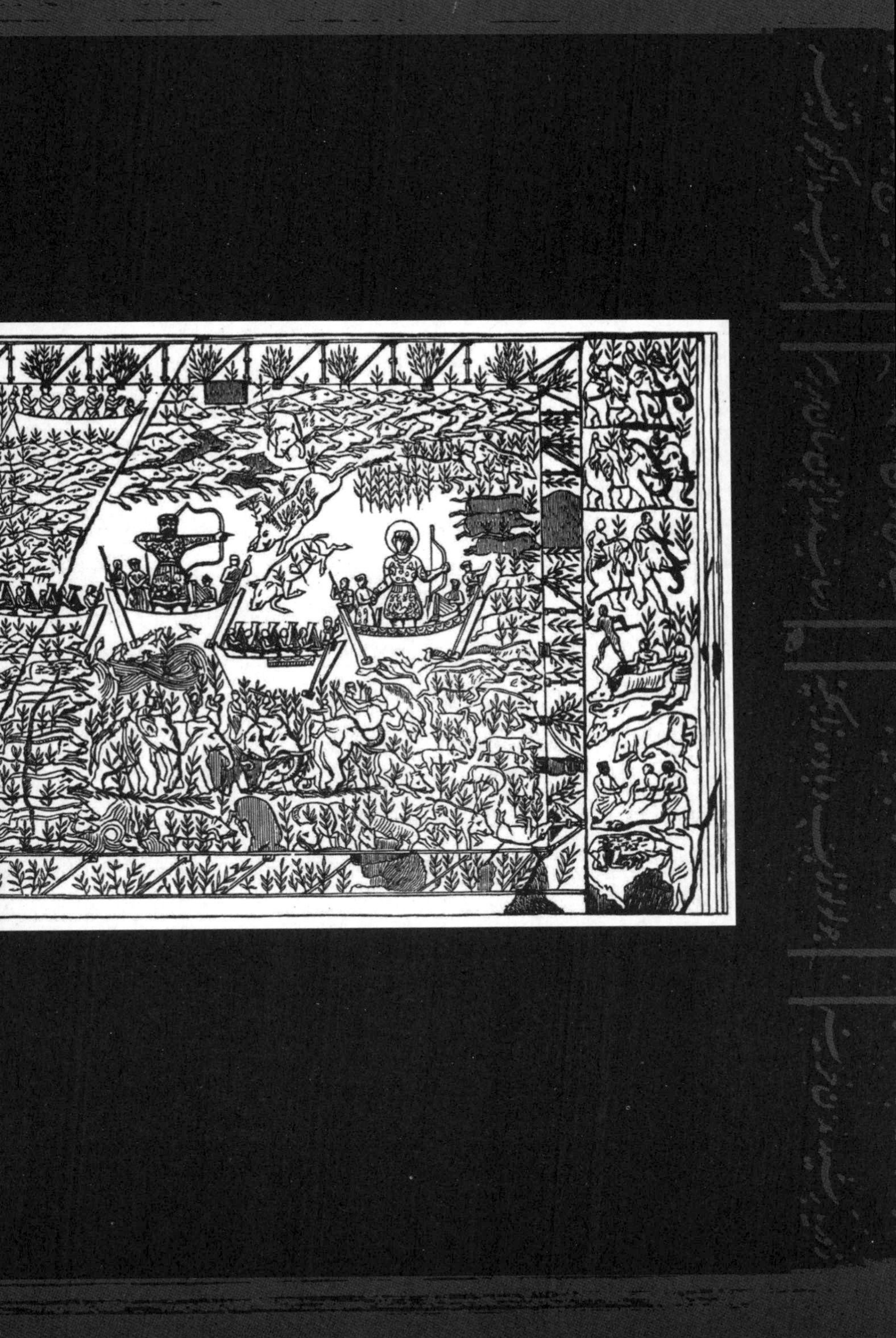

波斯的第一个造船人是派西地安（Pishdadian）王朝的传奇人物贾姆希德（Jamshid），传说他可以“驾驶着他的船航行在水面上，迅雷不及地从一个地区，航行到另一个地区”[1]。到了之后的达哈克（Dahhak）统治时期，达哈克派遣一支大规模的惩罚性远征军，远赴印度统治者马哈拉季（Maharaj）的附属国锡兰，击溃巴胡（Bahu），即萨兰迪布-沙阿（Sarandib-shah）。事情的原委，似乎是因为马哈拉季突然遭遇巴胡的叛乱，于是紧急向他的领主达哈克求助。当时达哈克在耶路撒冷的宫中，马哈拉季恳求达哈克派人火速救援。达哈克听闻此事龙颜大怒，命令伊朗将军加沙普“抓住巴胡，把他绑起来带到马哈拉季的宫廷，送上绞刑架”。达哈克一声令下，载着几千士兵的皇家船队从耶路撒冷出发，经过一年六个月的航程，到达印度南部大陆上的海上城市箇罗（Kalah）[2]。军队从那里上船，前往锡兰。巴胡在那里集结了一万六千头战象及两百万人的军队，用来抵挡入侵。战斗的细节与我们无关。总之，巴胡被打败了，波斯军队乘着马哈拉季的

1. 亚瑟·华纳、埃德蒙·华纳译（Arthur George Warner, Edmond Warner [Translator]）：《菲尔多西的〈列王纪〉》（*Shāhnāma of Firdawsī*），第二卷，伦敦，1906年。

2. 虽然是传说中的事件，但历史证明箇罗城在马六甲岛。“曾经有一种意见表明箇罗的位置在锡兰岛。现在被证明是错误的。”参见Kalah词条，《伊斯兰百科全书》（*Ency. of Islam*）。

一百二十艘船，胜利返航回家。区区死亡威胁怎能削弱战士们的决心，惊涛骇浪又如何能吞没波斯人的舰队呢？[1]

虽然学者不得详细分析或调查《战神格尔沙普纪》（*Garshāspnāma*）中生动的细节，但不能因此而忽视W. 乌斯利（Sir W. Ouseley）爵士的论点："所罗门的仆人们在奥菲利亚（Ophirian）的航行中，在往返途中所使用的三年时间，正好与格尔沙普远征锡兰所规定的单程'一年零六个月'[2]相吻合。如果我们考虑到在人类历史的早期，航海事业还没有被完全理解并接受，那么这似乎不是一个非常过分的误差；小而脆弱的船只还不太适合直接穿越一望无际的海洋，当时人们一般只能沿海岸线航行。船的动力通常靠风帆，偶尔也靠桨，从埃兰湾（Elanitick Gulf）到普罗巴奈（Taprobane）或锡兰，只能沿着海岸线进行迂回曲折地航行，需要花费很长时间。即使没有必要频繁地在各种地方停靠，获得新鲜的水和食物供应也是必须的，此外，时有发生的意外情况和商业贸易也会造成航程的延误。"[3]

随着政权从皮什达德（Pishdadians）王朝过渡到卡亚尼亚（Kayanians）王朝，英雄活动的场景也从萨兰迪布（Sarandib）转移到哈玛瓦兰（Hamawaran）。凯·卡乌斯（Kay Kaus）王子在他的领土上旅行时，经过尼姆鲁兹（Nimruz）到达马克兰海岸，

1. 阿萨迪（Aḥmad Alī bin al-Asadī）：《战神格尔沙普纪》（*Garshāspnāma*）。
2. 这一翻译同样是错误的，可能是翻译有误，也可能是基于的《战神格尔沙普纪》版本有误。参见大英博物馆MS. Or. 2878 f. 16[b]："在六个月内，他走了本应航行一年的距离，他愉快地登陆，没有发生任何意外。"同样，基于MS. Persian Class II No.3, Bombay Branch of the Royal Asiatic Society, f. 39[a]的记载，在f.269[b]中，有两次提到MS这一版本是公元625年在设拉子抄写的，但此日期应改为公元825年，在这两个地方，本来写着的8已经用刀尖划掉了，为了防止墨水扩散，改成了6，但8的轮廓仍然清晰可见。
3. W. 乌斯利（W. Ouseley）：《东方之旅》（*Travels in the East*），伦敦，1819年，第51—52页。

并决定突袭哈玛瓦兰。他打造了数不清的战船，载着他所有的军队出发了，把奇洛（Zirreh）的柏柏尔人（Berbers）甩在身后，直到最后他又回到了陆地上，柏柏尔在他的右方，米斯尔（Misr）在他的左方，哈玛瓦兰就在他的正前方。[1]根据达梅斯特尔教授（Prof. Darmesteter）的研究，在提到的地名中，哈玛瓦兰是希米叶尔（Himyar，即也门）的另一种写法，与此同时，柏柏尔“几乎正对亚丁，位于英属索马里海岸。这个地名是源于埃及象形文字的双关语，过去是，现在仍然是一个伟大的贸易站。当西南季风转变为东北季风时，成千上万的走私者开始陆续抵达这里，从十月到四月，这个地方一直很忙”[2]。

其他的名字也不难比对：尼姆鲁兹即锡斯坦（Sistan），米斯尔即埃及，马克兰的海岸则是今天俾路支省的海岸。[3]然而，菲尔多西对“Zirreh”一词的使用却引起了不必要的混乱。“Zirreh”今天代表了人们对锡斯坦的三大印象之一，锡斯坦通常是盐碱荒漠，很少有沼泽或湖泊。[4]A. 休图姆·辛德勒（A. Houtum Schindler）将军说：“在很久以前，那里可能有许多不同的湖泊，星星点点地分布于盐碱的荒漠中，从北方的加兹温（Kazvin）直到科尔曼（Kerman，伊朗东南部省份）和马克兰，以及从北方的萨瓦赫（Savah）到东部的锡斯坦，大小湖泊在这个区域内广布。这个传说在人民中间口耳相传，我在沙漠边缘的许多地方都听到过，他们不仅提到大海，还提到船只、岛屿、港口和灯塔。比如

1. 参考菲尔多西（Firdawsī）的《列王纪》（*Shāhnāma*）。
2. 亚瑟·华纳、埃德蒙·华纳译：《菲尔多西的〈列王纪〉》，第二卷，伦敦，1906年，第79页。
3. G. le斯特兰奇（G. le Strange）：《阿拉伯东部历史地理研究》（*The Lands of the Eastern Caliphate*），剑桥，1905年，第334页。
4. 乔治·寇松（G. Curzon）：《波斯》（*Persia*），第一卷，伦敦，1892年，第226页。

加兹温东北山坡上的老城，大家都管那里叫‘灯塔’；又或者亚兹德（Yezd）以北，离梅博德（Maibud）不远的巴金（Barchin）村，人民管它叫‘老海港’或‘海关’。”[1]笔者赞同辛德勒将军的说法。辛德勒和赛克斯（Sykes）关于现在的伊朗高原曾经有一大片内海的说法[2]，显示出我们经历了地理的变迁。因此“Zirreh”一词不只是一个新创造出的词语，它还保留了旧含义；不仅是词义变化，还传达了时过境迁的意蕴。因此，现代“沼泽”一词与古代“海洋”一词完全相同，所以菲尔多西书中的“Zirreh”指的并不是如今的西斯坦洼地，而是史前时期的内海。从语言学的角度，还有另外的证据支持这一观点，语言学认为，“Zirreh”只是巴列维语（Pahlawi）形式的词语，在波斯语中，它的同义词为“Daryā”，意为海洋、湖泊，或河流。因此华纳的结论认为：“类似于‘Zirih之海’等表达方式，不仅仅重复，还有明显误导性。我们应该将‘Zirih’一词翻译为海。因此，凯·卡乌斯远征的目的，看起来像是试图占领一条古老的贸易路线。”[3]

到目前为止，都是依据传说来研究。尽管这种探索否认了历史的重要性，但类似的结论其实得到了历史学家的支持。例如，泰伯里、马苏迪和塔利比一致认为凯·卡乌斯暂时征服了也门。泰伯里说：“在访问了呼罗珊、吉巴尔、法尔斯和伊拉克之

1. 《皇家地理学会学报》（*Geographical Proceedings*），第十辑，1888年，第625页。
2. P.M. 赛克斯（P.M. Sykes）：《波斯史》（*A History of Persia*），第一卷，伦敦，1915年，第25页。
3. 亚瑟·华纳、埃德蒙·华纳译：《菲尔多西的〈列王纪〉》，第二卷，伦敦，1906年，第80页。

后，凯·卡乌斯考察了这些省份的情况，并在那里设立了管理机构，然后动身前往也门。当他走近杜勒玛纳尔（Dhul-Manar）的儿子杜阿达国王时，希米叶尔（Himyarite，也门古代王国名）人拿着他们的独门武器恰尔斯（Qails），和卡赫丹（Qahtan）的王子、柏柏尔（Barbary）的部落一起对抗他。一场激烈的战斗开始了，死亡不断地在军队中蔓延。”[1]

塔利比书中的记载是对《列王纪》的删节和补充，一方面省略了航行的细节，另一方面，特别提到了希米叶尔国王的名字。据伊斯法罕人哈姆扎（Hamza）的记载，希米叶尔族的阿卜杜勒·阿达尔（Abd Dhul-Adhar）是伊弗里吉斯（Ifrigis）的兄弟，同时，是亚伯拉罕·杜勒玛纳尔（Abraha Dhul-Manar）的儿子，而亚伯拉罕·杜勒玛纳尔是阿里斯·拉伊什（al-Harith al-Ra'ish）的儿子[2]，所以塔利比和泰伯里二人的记载是互相印证的。但是，由于事实和虚构可以自由地拼凑在一起，所以最好不要试图让我把传说与历史调和起来。

现在，我们回到《列王纪》上，凯·卡乌斯打败了哈玛瓦兰的国王，作为战争的胜利者，他获得了苏达巴（Sudaba）的垂青，她的美貌使胜利者心甘情愿地成为俘虏。因此，背叛投敌的阿拉伯人阴谋得逞，而勇敢的阿拉伯人却失败了：敌人将凯·卡乌斯引诱进一座堡垒，在那里将他囚禁起来。这不幸的消息传到了鲁斯塔姆的耳朵里，成为动员军队的信号。军队要尽快渡海赶到哈玛瓦兰，因为陆路的远征是乏味的：[3]

1. 塔利比（Ath-Tha'ālibī）著，H. 佐滕贝格（H. Zotenberg）编译：《波斯国王史》（*Histoire des Rois des Perses*），巴黎，1836年，第158页。

2. 伊斯法罕的哈姆扎（Hamza of Isfahan）著，戈特瓦尔特（Gottwaldt）编译：《哈姆扎编年史》（*Annals*），沃斯，1848年，第125页。

3. 参见《列王纪》（*Shāhnāma*）。

他命令军队上船，对哈玛瓦兰进行可怕的报复，
然后走海路，因为陆路很单调乏味。
大军坐船、行舟，接近哈玛瓦兰。
他定意行杀戮和毁灭，心中不再有后悔。

波斯舰队的到来给阴谋得逞的希米叶尔人带来了致命一击，而战无不胜的鲁斯塔姆一再重击敌人，彻底重塑了波斯军队的声威。远征讨逆的任务就这样完成了，随着凯·卡乌斯的获释，凯旋伊朗，故事就这样结束了。

下面将讨论讲述的技巧。与此同时，由于伊朗和图兰（Turan）之间无休止的宿怨，又出现了另一个海军行动的机会。凯·库思老（Kay Khusraw）国王是凯·卡乌斯的孙子和继承人，他正在追寻阿夫拉西亚伯（Afrasiyab）的踪迹，而阿夫拉西亚伯已经如即将枯萎的落叶般，陷入困境。他沿着伊斯普鲁斯山（Ispuruz），经过一段安全平稳的飞行，在“厄尔布士山脉（Alburz）范围内与之接壤的马赞达兰（Mazandaran）着陆”[1]。此时，他面朝大海，“这片海不是别的海，正是里海”[2]。里海广阔无垠，他看到的那片深海，没有中点可以歇脚，更看不到尽头。阿夫拉西亚伯站在那里犹豫了。向后一步，有可怕的恶魔追击着他，

1. 亚瑟·华纳、埃德蒙·华纳译：《菲尔多西的〈列王纪〉》，第四卷，伦敦，1909年，第136页。
2. 亚瑟·华纳、埃德蒙·华纳译：《菲尔多西的〈列王纪〉》，第四卷，伦敦，1909年，第136页。

向前一步，是前途未卜的深海。[1]最终，他下定决心，一切都已成定局，阿夫拉西亚伯扬帆而去，他希望逃避一切，让心灵得到安息。[2]但是，无论是遥远的花剌子模坚不可摧的宫殿堡垒，还是作为天然屏障，难以逾越的里海，都阻挡不了一心报仇的凯·库思老的攻势。“如果上天保佑我们，”他说，“我们的大军就能撑过去，渡过这片难以逾越的海。”

于是，凯·库思老开始追踪阿夫拉西亚伯渡海的行踪。这条路线穿过马克兰，凯·库思老在那里逗留了整整一年[3]，他帐下整装待发的船只和经验丰富的船员，都给人留下了深刻的印象。[4]当他把军需都装载上船[5]，并且在船上储备了足够食用一年的食物之后[6]，开始向神明祈祷，希望旅途平安，一帆风顺。[7]海上波涛汹涌，所有人都很担忧，但他们坚定自己的航线，稳步前行，经过六个月的航行，北风刮了起来，把船队带向“狮子口”。[8]然而库思老国王的祷告，仍没有回音。

其实神明已经下令，风浪应该无视库思老他们的道德品质，

1. 《列王纪》：里海广阔无垠，他看到的那片深海，没有中点可以歇脚，更看不到尽头。
他嘱咐船家备船渡他过河，阿夫拉西亚伯说：“乐见他葬身水中。”
2. 《列王纪》：他嘱咐船长把几艘船开进海里，扬帆前往Gang-dizh，无论前路好坏。
3. 《列王纪》：世界之王（库思老）在马克兰呆了一年，征召各地的船员。
4. 《列王纪》：当他抵达海边，勇士松开腰带；
国王对来自中国和马克兰的船员们留下了深刻印象。
5. 《列王纪》：他在海边的陆地上，做了出海前必须做的准备工作。
6. 《列王纪》：他吩咐船员，做好这次航行需要一年的准备。
7. 《列王纪》：他向造物主祈求平安，把他带回陆地，不会遭遇不测。
8. 《列王纪》：他们在深海里航行了六个月，船就是他们的床；
到了第七个月，经过半年的时间，北风变得狂暴而猛烈；
它猛烈地改变了船帆的方向；它不允许舵手继续掌舵；
它把船从正确的方向推到水手们称之为“狮子口”的地方。

让皇家舰队安全通过。[1]就这样，经过了七个月的危险航行[2]，船从凶险万分的大海安全驶入了港口[3]，卸下了宝贵的货物。

> 他们在深水中航行了六个月，船只成了他们的靠椅；
> 过了半年，到了第七个月，北风刮得更厉害了；
> 它猛烈地使船帆偏转；它不允许舵手继续掌舵；
> 它把船从原来的航线带到一个水手们称为“狮子口”的地方。

凯·库思老的心悬了起来，率领他的军队穿过他面前的这片陌生的土地，这片土地上的人说马克兰语，这里的城市与中国（Chin）的城市相似。他径直往前走，抓住了冈迪兹，在那里待了整整一年，但行踪不定的阿夫拉西亚伯却不见踪影。在国王不在城内的情况下，他会重新占领奇洛，夺取毫无防御的伊朗，夺回唾手可得的王位吗？

突然间，怀疑变成了确定，恐惧压倒了已经动摇的复仇之心，使国王改变了他的路线：复仇意味着继续追击；但现在他意识到自己处于极度危险的境地，先行撤退是最佳选择。

于是失望的国王回到港口，让他的士兵们登上一千艘船，所有的船都配备了优良的水手和坚固的装备：舰船已经由国王亲自

1.《列王纪》：神明已经下令，风暴应该无视国王的道德品质。

2.《列王纪》：经过了七个月的航行，风暴没有再度袭击他们。

3.《列王纪》：士兵对河水中的生物感到好奇，指给国王看，
他们看到的是——狮子和公牛，在水中搏斗。
有头发像绳索的人，满身羊毛，拥有羊的躯体；
有的人头像水牛，手在后，脚在前；
还有一只长着狼头的鱼，有着鳄鱼躯干的屁股；
一只长着猪头的羊——水中到处都是这样的生物。
他们互相指责对方是怪物，并祈求真主保佑。

检查过，船员都是久经考验的水手。几艘领航船在前面领路，国王命令他们比其他人更早出发。繁星在闪烁，大海在沉睡；一阵和风拂过，吹在帆上……如此这般顺利，仅需七个月的时间，就足够完成一年的航程了。[1]

读者现在掌握了所有的事实，这些事实虽然琐碎，但很重要。史料的稀缺性，决定了它们的应用范围很广；我们给出这些细节，是因为菲尔多西在书中通常不会描述任何关于海洋的细节。诺德克教授（Prof. Nöldeke）说："史诗的作者将所有传统都甩在身后，关于大海，他没有任何经验和认识，甚至他在书中说，在当时就进行了穿越大海的旅行。"[2]"当阿夫拉西亚伯从库思老那里逃脱，他的航行没有经过其他比里海海域更大的海洋，然而他在书中写道，追踪他的库思老是从印度洋沿岸的马克兰一带登陆，例如俾路支港。"[3]这是个难题，要解决它，只有从菲尔多西的书中寻找答案。菲尔多西在书中认为："地球被分为七大区域。伊朗，是世界七大区域的中心，被周围的海洋包围。印度河、阿姆河、黑

1. 《列王纪》：国王下了船，到了海边，检查船帆，
在岸上待了两个星期，和基夫（Giv）谈了他所看到的一切。
然后他命令他的人开始工作，推了几艘船下海；
他命令一千艘船跟随领航船出海；
他吩咐所有熟练的水手，或在惊涛骇浪中表现出勇气的水手到无底深渊去航行。
季风是如此有利，一年的航程在七个月内完成；
国王带着他的军队出征，没有一个甲板被逆风弄湿。

2. 诺德克（Th.Nöldeke）：《伊朗语言学百科全书》（*Grundriss der iranischen Philologie*），第一卷，斯特拉斯堡，1895年，第177页。

3. 亚瑟·华纳、埃德蒙·华纳译：《菲尔多西的〈列王纪〉》，第四卷，伦敦，1909年，第136页。

海（Euxine）、阿拉斯（Arras）、博斯普鲁斯海峡、马尔莫拉海（Sea of Marmora）、达达尼尔海峡、尼罗河和印度洋，是一条由河流、湖泊、海湾和海洋组成的链条，它们彼此连通。”[1]尽管如此，难题并没有完全解决，因为被称为“狮子口”的漩涡并不是奇洛水域的特征，而是中国海的特征。

> 在这海中（中国和马秦［Machin］的海域）有漩涡，叫做“狮子口”，也叫“杜达乌尔”（Durdawr），每艘误入那里的船，都迷失了方向，除非上帝另有旨意。在波涛汹涌的大海中，有经验的水手们了解这些（危险的）地方，为了安全起见，水手们避开它们航行。[2]

宇宙起源学说帮助菲尔多西得以逃避海洋学，但他如何才能找到一个面具，来掩盖他对航海的无知呢？他对描写任何一处风暴中的港口都做好了准备，只要他能找到一个港口就行。想象力可以让他创作出海上的怪兽，但不能帮他学会造船或学会驾驶船只。因此，关于这些技术，书中他什么也没有提到，因为他确实不会写。读者如果想搜索《列王纪》中关于船舶或航海技术的描写，那绝对是徒劳的。

总的来说，《列王纪》与波斯文学的这一缺陷，无疑强化了波斯人厌恶大海的理论。虽然波斯文学害怕并回避大海，但波斯人自己却没有。文学证据与历史事实相矛盾，这必须加以区分。就因为菲尔多西对海洋的描述是不正确的，那么他书中关于凯·卡

---

1. 亚瑟·华纳、埃德蒙·华纳译：《菲尔多西的〈列王纪〉》，第一卷，伦敦，1905年，第71页。
2. 哈姆杜拉·穆斯塔菲（Hamdu 'llāh Mustawfī）著，G.le斯特兰奇（G.le Strange）编译：《心之喜悦》（*Nuzhatu '-Qulūb*），伦敦，1915年，第239页。

乌斯和凯·库思老航海的证据就不正确了吗？就因为阿萨迪不知道海上远征的格尔沙普，他的记述就绝对不能当真吗？就算是魔鬼说的真话，只要是真理，那就不是谎言：阿萨迪和菲尔多西的叙述并不缺乏真实性，之所以出现谬误，仅仅是因为他们自身缺乏对海洋的认识。

尽管有这样那样的问题，《战神格尔沙普纪》和《列王纪》至少有他们自己的观点。传说中的迷雾，笼罩在格尔沙普和凯·卡乌斯在南部海域的航路上，历史遗迹与自然一道，将库思老北方航路的真相掩埋在历史的尘埃中，但难道没有希望的光亮，还原皇家舰队遥远的真相吗？迷雾仍然在随着时间的推移，随波逐流。环绕着印度洋，从一个海湾到另一个海港，飘扬在天空的蓝色卡瓦旗（Kawa），是否也曾飘扬在从锡兰到希米叶尔和冈（Gang）的航路上？

他是伟大的国王，他是大海的主人，这不是一个虚伪的吹嘘。

——希罗多德（*Herodotus*），《历史》（*Histories*），第七卷

阿契美尼德王朝航海史

关于阿契美尼德王朝航海史，可以用一个句子来说明：阿契美尼德王朝没有被大海吸引，但成功征服了海洋。波斯人是经由陆路移居到法尔斯（Fars）的[1]，他们是农业民族，也是游牧民族[2]，对海洋事务并不熟悉。[3]但当波斯帝国的边界扩张到小亚细亚海岸，他们突然发现自己面对的是强大的希腊和埃及海军。为了获得海权，波斯人不能再迟疑了，除非阿契美尼德王朝想放弃他们的世界帝国大计，更何况，这些沿海地区的土地已经被波斯人收入囊中了。

当时亚洲的沿海居民，尤其是腓尼基人（Phoenicians），他们拥有出色的航海技术，可以帮助波斯人轻松获得海权。换句话说，拥有一个舰队是必要的，但是当波斯人可以直接得到腓尼基人的舰队时，就没必要去重新组建舰队了。因此，（波斯）对小亚细亚的希腊殖民地的征服是如此温和，以至于只有弗凯亚人（Phocaeans）和忒安人（Teians）离开自己的家园，去寻找海拉（Hyela）和阿布德拉（Abdera）[4]；同时其他人“依然留在自己的国

1. 罗林森（G. Rawlinson）：《五大帝国》（*The Five Great Monarchies*），第三卷，伦敦，1879年，第365页。
2. 希罗多德（Herodotus）：《历史》，第一卷，第125页。
3. 希罗多德：《历史》，第一卷，第143页。
4. 希罗多德：《历史》，第一卷，第167—168页。

家，屈服于强加给他们的诏令”。同样地，腓尼基人被允许处于半独立状态，每人只被收取一先令八便士的人头税，尽管“在现代社会，这种事情的发生率要比这高十到二十倍”[1]。结果是此前没有建造过任何一艘船的“波斯在它作为帝国存在的整个时期，厌倦了黎凡特（Levant）地区毫不令人惊讶的摇摆不定”，在很短的时间之内（公元前525年到公元前418年、公元前345年到332年间）波斯阿契美尼德王朝成了地中海的“女主人”。[2]

因此，在意识到自身的局限性之后，早期阿契美尼德王朝对他们已经征服的航海民族表现得非常温和。“色诺芬（Xenophon）认为波斯人对腓尼基船只的安排和仓储都优于腓尼基本地人的管理”[3]，另外，乌特察-何瑞森奈特（Utcha-Herrsenet），作为教廷的大祭司为人所熟知，凭借他的崇高地位，冈比西斯（Cambyses）不仅仅保存了位于塞易斯（Sais）的埃及神庙，而且“以埃及古代国王的方式开展崇拜仪式，将热情倾注于对战争女神奈斯（Neith）的祭奠，向她的神庙献上祭品”[4]。与之相似的是，大流士（Darius）在塞易斯创办了大学，目的是培养能够进行文书绘制的神职人员[5]，他还修复了工匠之神佩塔赫（Ptah）位于孟斐斯（Memphis）的神庙[6]，为纪念埃及的太阳神阿蒙-拉（Amen-Ra）兴建神庙，并在哈里杰（Kharga）绿洲为太阳神刻下一首赞美诗。[7]最后，大流士开凿了举世无双的从尼罗河到苏伊士的大运河，

1. 罗林森：《腓尼基》（*Phoenicia*），第194页。
2. 罗林森：《五大帝国》，第三卷，伦敦，1879年，第194页。
3. 罗林森：《腓尼基》，第195—196页。
4. E.A.沃利斯.布支（E.A. Wallis Budge）：《埃及史》（*A History of Egypt*），伦敦，1902年，第46页。
5. E.A.沃利斯.布支：《埃及史》，伦敦，1902年，第47页。
6. E.A.沃利斯.布支：《埃及史》，伦敦，1902年，第66页。
7. E.A.沃利斯.布支：《埃及史》，伦敦，1902年，第66—69页。

并最终建设完工：

> 普萨麦提库斯（Psammitichus）的儿子，成了埃及之王，他是第一个试图开掘运河直通红海的国王，在他之后，大流士将它建设完工。这条运河的长度是四天的航程，宽度足以让两艘三段桡船并排通过。运河的水来自尼罗河，它的起点是布巴斯提斯（Bubastis）城稍上的地方，一个名叫帕图姆斯（Patumos）的阿拉伯城镇附近，最终到达红海。起初开掘的地方位于埃及平原离阿拉伯地区最近的那一部分，朝孟斐斯方向伸展的山脉，也就是采石场所在的山脉，离埃及平原很近。河流就沿着这山脚下，自西向东蜿蜒而行，然后流入一个峡谷，直到最东端。从此转而向南，直至阿拉伯湾。在运河挖掘到一半的时候，尼科（Neco）终止了这项工程。[1]

石碑上的证据证实了希腊人的记载。在运河沿线的不同地点都发现了大流士时期风格的石碑；下面以苏伊士附近发现的石碑为例：

> 大流士国王这样说："我是波斯人，在波斯军民的协助下，我占领了埃及。我下令开凿一条运河，可以从尼罗河沿着水路直抵波斯。正是因为我的命令，这条运河最终建成通航了。"[2]

波斯帝国的怀柔政策不仅仅适用于波斯西边的沿海居民，也

1. 希罗多德：《历史》，第二卷，第158页。
2. E.A.沃利斯.布支：《埃及史》，伦敦，1902年，第64页。

适用于其他被征服地区。根据居鲁士（Cyrus）圆柱上的铭文，居鲁士大帝于公元前538年攻陷巴比伦城前夕，“巴比伦国王还在宫内欢庆节日”[1]。然而，随着冈比西斯（Cambyses）的自杀，在公元前521年[2]引发了高墨达（Gaumata）暴动并篡权，自此一切怀柔政策都化为泡影。在此之前，高墨达已经通过减税、废除征兵制度，以及鼓励包括波斯在内的各省进行革命来反抗穷兵黩武的冈比西斯，赢得了大多数百姓的支持，特别是巴比伦，高墨达被大流士镇压后，巴比伦城军民在大流士军队的围困中坚持了超过两年的时间。可是公元前519年，巴比伦再度陷落，这次等待他们的是一场野蛮的毁灭。希罗多德说：“自从巴比伦被征服，巴比伦人就生活在水深火热之中。最近他们找到了一个非常独特的方法，就是所有穷人家的女儿，为了活命，都从事妓女的营生。”[3]

波斯对巴比伦的复仇和巴比伦所受惩罚的影响曾经被肯尼迪先生看轻过。然而另一方面，有人提出了一个非常值得注意的新观点，这次重新解读，值得被全面的审视：

> 巴比伦的衰落始于大流士。巴比伦人恨他；他们两次反抗他，曾一度争取到独立；然后大流士严惩了巴比伦人。薛西斯（Xerxes）又向他们诉诸武力进行复仇，甚至在贝尔（Bel）的圣殿里大肆抢掠。从五世纪开始，这里商店的牌匾变得稀少，运河年久失修，幼发拉底河口和底格里斯河口的大坝破败不堪。在波斯的治下，巴比伦地区的贫困人口不断增加，希罗多德见证了这一切。从这时起，巴比伦的衰落就一直在

1. P.M. 赛克斯：《波斯史》，第一卷，伦敦，1915年，第161页。
2. 前522年。——译者注
3. 希罗多德：《历史》，第一卷，第196页。

延续，就连贝尔、尼波（Nebo）二神，面对这种局面也无计可施。迦勒底人（Chaldaeans）转而与哲拉（Gerrha）贸易，波斯王对此相当嫉恨，但他们的贸易超出了他的控制范围。不久之后，塞琉西亚（Seleucia）的创立耗尽了巴比伦剩余的生命，随着时间的流逝，在斯特拉波（Strabo）笔下，巴比伦已经衰落成一个村落，仅存一个名号。

波斯人破坏的不仅是巴比伦；破坏一直延伸到埃及地区，也门（Yemen）的商人乘虚而入，继承了这两个地区所有的商业遗产。[1]

现在，根据狄奥多罗斯·西库路斯（Diodorus Siculus）的说法，是埃及人自己把大流士视作埃及第六任立法者，在大流士在世之时，就将他奉若神明。即使在他死后，仍把他作为埃及之王崇拜。[2]此外，希罗多德不仅仅把关注点局限于巴比伦尼亚的贫困上，他同时也注意到大流士为了巴比伦人的种族延续尽了一份力[3]，但是，历史学家色诺芬认为，巴比伦人在公元前401年永远撤退到特拉布宗（Trebizond），他的证据是什么呢？

我清楚地看到波斯人拥有多么美好广大的土地、丰富的给养、成群的仆役、牲畜，大量的金钱和华丽的衣着。每当我想到我们自己的士兵的处境，我看到我们对这些好东西都

1. J. 肯尼迪（J.Kennedy）：《巴比伦和印度的早期贸易》（*Early Commerce of Babylon with India*），1898年，第271页。

2. 狄奥多罗斯（Diodorus Siculus），博斯（G. Booth）译：《历史丛书》（*The Historical Library*），第一卷，第195页。

3. 希罗多德：《历史》，第三卷，第159页。

没分……我有时总在怕休战比现在怕打仗还厉害。[1]

巴比伦尼亚有巨大且人口稠密的城市，就像幼发拉底河上的卡曼德（Carmande），斐斯库斯河（Physcus）上的奥匹斯（Opis），底格里斯河上的该涅（Caenae），所有的繁荣都有赖于一套卓越的灌溉系统：

> 从这里他们前进两站、八帕拉桑，路上过两道人工河，一次是通过站桥，另一次是用七条船做成的浮桥。这些水源来自底格里斯河。从这些人工河又挖出来很多沟伸入这一地带，起初是大的，逐渐是小的，最后成为注灌谷田的小渠。[2]

相似的是，虽然亚历山大时期的希腊史学家开心地将底格里斯河上的分水堰视为“那些不熟悉海洋事务的”[3]、胆小的波斯人的贡献，然而，如今威廉·文森特（Willam Vincent）认为，这些分水堰不仅仅有分水的功能，还有“蓄积洪水，防止泛滥的功能”[4]。塔沃尼尔（Tavernier）提到一个水坝，位于摩苏尔（Mosul）和大扎布（the Great Zab）之间，有120英尺高；尼布

---

1. 色诺芬（Xenophon），斯贝尔曼（E.Spelman）英译：《长征记》（*Anabasis*），第三卷，伦敦，1817年，第75页。

2. 色诺芬，斯贝尔曼英译：《长征记》，第一卷，伦敦，1817年，第58页。

3. 阿里安（Arrian）著，卢奇（Rooke）英译：《亚历山大远征记》，第七卷，伦敦，1984年。“这些堰是波斯人设置的，他们不擅长航海，因此设法堵塞底格里斯河的航道，给航行设置困难，以阻止敌人的舰队入侵。然而，亚历山大认为这是懦夫的诡计。他命令将它们全部清除，河道就畅通了。”

4. 威廉·文森特（William Vincent,）：《古代印度洋的航海与贸易》（*The Commerce and Navigation of the Ancients in the Indian Ocean*），第一卷，伦敦，1807年，第505页。类似，在萨珊时代，“强有力的水坝——shadhrawan，以及一些必要的水闸已经在不同的地方建立起来，使得筑坝后蓄积的水能够被无数的小型运河引回到更高处的田地”（M. Streck，《伊斯兰百科全书》*Encyclopedia of Islam*, article on Karún, p. 779 a）。

尔（Niebuhr）也发现了位于幼发拉底河流域黎波恩（Lemboun）的水坝，另外在底格里斯河流域的霍克尼（Hogkne）、老摩苏尔（Eski Mosul）和西格里（Higre）均发现了水坝。“最后这些不寻常的遗址被亚历山大大帝摧毁，但所有这些留存下来的遗物告诉我们，它们当时用于航运。”[1]

但更确凿的证据，可能是尼阿库斯（Nearchus）描述的波斯沿海地区繁荣的城市港口景象，例如在卡曼尼亚（Carmania）：第一，这里有三个乡村，西多东特（Sidodont）、塔西阿斯（Tarsias）和卡塔耶亚（Cataea）；第二，这里有巴蒂斯镇（Badis），一个土地肥沃的地方，人们将此地称作葡萄与粮食的储藏室；第三，哈默奇亚镇（Harmozia），一个农业发达的地方，与现代化程度较高的霍尔木兹岛形成了鲜明的对比，几乎出产所有的农产品，却不出产橄榄；最后，这里有岛屿小镇奥拉克塔（Oaracta），出产大量葡萄，还有棕榈树、粮食，此外，岛上还有港口，非常适合居住。[2]在卡曼尼亚的更远处，是波斯帝国的法尔斯省（Pars），也叫波西斯省（Persis）[3]，该省与航海相关的地点包括：（1）埃拉斯村落（Ilas）；（2）斯坎德鲁斯港（Cicandrus）；（3）采珠人居住的岛屿；（4）奥楚斯港（Ochus）；（5）阿波斯塔纳镇（Apostana）；（6）许多波斯湾沿岸的村落；（7）戈甘那镇（Gogana）；（8）斯塔苏斯河口（Sitacus）附近的良港；（9）适宜居住的花园小镇Hieratis，与该镇连接的运河中能通行足以远航的大船；（10）吉安尼斯（Granis）的陶斯镇（Taoce）；（11）

1. 涅布（Niebuhr）：《阿拉伯航海》（*Voyage en Arabie*），第一卷，阿姆斯特丹，1780年，第307页。

2. 阿里安：《印度志》（*Indian History*），第32—37章，伦敦，1814年。

3. 阿里安：《印度志》，第38—39章。

拉格尼斯河口（Ragonis）的良港，以及（12）布里扎那河口（Brizana）不太安全的港口。“接着舰队进入苏萨……；巨大的原木和木块竖立在各处……使水手能够按照正确的航线行驶，以免他们在浅滩搁浅。”[1]

因此，肯尼迪先生的观点是不可能被认同的。波斯人不爱大海，但他们热衷于海洋的力量，想要通过海洋“将被隔绝的波斯地区与世界市场之间，创造直接的联系”[2]。因此，尼罗河上的运河被重新贯通，这项工程使得这一地带迎来了来自印度洋沿岸居民的探索发现——从波斯湾到印度河三角洲，从来自印度洋沿岸的这些地方，可以一直航行到红海的北端。

> 大流士曾探索过亚洲的大部分地方。有一条印度河里面有许多鳄鱼，据说那里的鳄鱼是世界第二大爬行动物。大流士想知道印度河在什么地方入海，便派遣了他相信不会说谎话的卡律安达人司库拉克斯，以及其他人乘船前往。这些人从帕克杜耶斯地区的卡司帕杜罗斯市出发，顺河向东，沿着日出的方向下行直到大海；而在海上西行，他们在第三十个月到达了这样一个地点：埃及国王曾经从这个地点派遣上述的腓尼基人环航利比亚。在这次的航行之后，大流士便征服了印度人，并时常出入于这一带的海域。[3]

值得注意的是，大流士自己频繁出入于波斯湾，据此推断：

1. 阿里安：《印度志》，第40—41章。
2. 爱德华·梅耶（Eduard Meyer）：《大英百科全书》（*Encyclopaedia Britannica*），第二十一卷，文章见波斯古代史部分，剑桥，1911年，第209b页。
3. 希罗多德：《历史》，第四卷，第44页。

> 波斯入侵印度导致了印度与波斯之间商业关系的建立，并且形成了常规的贸易联系，船舶沿海岸线航行，将印度河口与波斯湾连接起来。[1]

基于史学之父希罗多德的记载，现代历史学家做出如此推断似乎合情合理。的确，就算凭借尼阿卡斯在波斯湾逗留的证据，也无法推断出其他结论。

对阿契美尼德王朝微不足道的海上力量来说，凭借道义赢得腓尼基与塞浦路斯舰队的海上军事支持[2]，同时赢得法涅斯（Phanes）、哈利卡纳斯人（Halicarnassian）的物质支持实在是十分重要。他们用皮囊装满了水，用骆驼把水运过来，最终，冈比西斯率大军涌入埃及（公元前527年），征服了这个国家。此后，三个独立的军事行动相继被策划——远征迦太基、阿蒙（Ammon）和埃塞俄比亚。事实证明后两次远征是失败的；而远征迦太基的行动相当完美。

对腓尼基人来说，波斯人依赖他们的海上力量，一方面，他们拒绝破坏盟约和亲缘关系的双重羁绊仅仅是为了获得冈比西斯的赞许；另一方面，冈比西斯自己也见证过当年腓尼基人的自愿归降，将腓尼基容纳在自己的势力范围之内，有助于有效控制埃及的人心，而且冈比西斯也不愿意依靠腓尼基雇佣兵的力量统治埃及。离伟大国王薛西斯有足以惩罚大海的实力或是不再惩罚那

1. 罗林森：《五大帝国》，第三卷，伦敦，1879年，第431页。
2. 塞浦路斯在种族上与腓尼基有联系，因此起义始于埃及。

些本应被斩首的水手的日子还远未到来。

因此，只有慢慢发展，阿契美尼德王朝的海上力量才足以在地中海称雄。最初，在海上，波斯人的元素仅仅只有那面代表波斯的旗帜，后来，在外国人的帮助下，波斯军人掌握了航行、测量、侦察等重要的技术。[1]再后来，波斯提升了海军将领的军衔，开始征服地中海上的岛屿。[2]最终，整个波斯舰队全部由波斯本土将军统领，坚强的舰队有赖于海军，舰队上的兵士由三个不同的民族——波斯、米底（Medes）、塞种（Sacae）人组成。[3]

海军的行动仍在继续。大流士希望控制斯基泰（Scythia）游牧民的尝试导致海军在地中海上的军事行动继续进行。首先，大约十五个波斯间谍负责传递从迪莫赛迪斯（Democedes）[4]手中获取的情报来报告希腊海军的行军路线，并得到了一对西顿（Sidonian）的三段桡船和一个大型商船，他们航行的范围远至克罗多尼（Crotona）和大希腊区（意大利南部），并暗中复信报告。[5]因此，卡帕多西亚（Cappadocia）的总督阿里阿拉姆涅斯（Ariaramnes）带领一支由30艘战舰组成的小型舰队环绕黑海[6]并俘获了斯基泰（Scythian）首领的兄弟。最后，萨摩斯工程师曼德罗西斯（Mandrocles）建造了一座横跨博斯普鲁斯海峡的大桥，同时，帝国从小亚细亚的被征服民族处收取赋税以维持拥有六百艘战舰的舰队，来保卫这条线路的畅通。

大流士带领军队横扫欧洲，同时它的舰队通过库阿涅岛

1. 希罗多德：《历史》，第三卷，第135页、第136页。
2. 希罗多德：《历史》，第五卷，第26页。
3. 希罗多德：《历史》，第七卷，第96页、第184页。
4. 著名医师，后成为大流士的御医。——译者注
5. 希罗多德：《历史》，第三卷，第135—138页。
6. 克泰夏斯（Ctesias）：《波斯志》（*Exc. Pers*），第16章。

（Cyanean Isles），驶入伊斯忒尔河（River Ister），之后将舰队用桥连接起来，停泊在距离河口有两天航程之处。然而，这次入侵证明了一个枯燥的事实：在面对难以找寻的游牧民族斯基泰人时，大流士没有取得任何成就。

因为这次远征的主要对象斯基泰人曾经在欧洲击败过波斯人，所以他们在面对波斯在欧洲大肆扩张时，并没有感到绝望：美伽比佐斯（Megabazus）仍然在征服色雷斯（Thrace）和马其顿（Macedonia）的战役中处于落后的位置（公元前514年）；而美伽比佐斯的继任者奥坦斯（Otanes）则获得了列斯堡人（Lesbians）的海军援助，并削弱了雷姆诺斯岛（Lemnos）和音不洛斯（Imbros）岛上的实力（公元前505年）。尽管如此，波斯人在地中海的影响力仍然增长得非常缓慢，例如，美迦巴铁斯（Megabates）的远征计划就落空了，他绑架了美地安（Myndian）的船长，把他一半的身子绑在桡孔里，身子在里面，头朝外[1]，通过这种低劣手段，他吹嘘自己是统领200艘三段桡船的水师提督，而且毫无疑问的是，不仅他的远征计划落空，米利都人阿里斯塔格拉斯（Aristagoras），曾经突袭过小亚细亚的首都萨迪斯（Sardis）的将领，也率领5艘耶利多里人的（Eretrian）战舰及20艘雅典的战舰背叛了波斯。不仅如此，波斯帝国统治下的爱奥尼亚人（Ionic）起义，使得波斯-腓尼基联合舰队不得不离开塞浦路斯，大大削弱了大流士的力量。但塞浦路斯在一年之后被讨回，卡里亚人（Carians）、赫勒斯滂人（Hellespontines）和伊奥利亚人（Aeolians）一一被征服，爱奥尼亚城陷落，尽管有三百五十三艘爱奥尼亚三段桡船支援，米利都仍然几乎被歼

1. 希罗多德：《历史》，第五卷，第32—33页。

灭。但叛军舰队阻止了波斯海军将领，他们发现不能再继续战斗下去，“因为他们发现自己不是海上霸主”[1]；另一方面，萨摩斯人（Samians）则认为：“如果他们用现有剩余的舰队（600艘战舰）来对抗大流士，五倍于他们数量的舰队就会干掉他们。”[2]所以萨摩斯人（Samians）重新效忠于波斯，接着列斯堡人也重新效忠，而到了公元前494年，爱奥尼亚人的起义也结束了。

大流士现在可以自由地来往于反叛的代表和同盟的朋友之间。这两者主要指的是雅典和耶利多里。复仇的火焰从大流士的心里喷涌而出，就像麻葛神庙[3]中的火焰一样，无论白天还是夜里都接受着供养，永远不会熄灭。[4]所以陆军被动员起来，并送到了赫勒斯滂到阿提卡（Attica）的路上，而大流士的女婿马多尼乌斯（Mardonius）则是陆军和海军的最高统帅，也正在从西里西亚（Cilicia）经海路前往爱奥尼亚。然后，通过给予他们自治的地位，来安抚爱奥尼亚城邦公民，马多尼乌斯前往赫勒斯滂海峡，将部队运送到位于敌国的战场。马多尼乌斯轻而易举地镇压了在爱奥尼亚起义中重新获得独立的塔索斯人（Thasian）和马其顿人，但与布赖奇（Brygi）的战争却使得军队疲惫不堪。加上发生在阿托斯（Athos）海域的风暴[5]，导致300艘战舰沉没及两万士兵丧生，马多尼乌斯军队的士气受到了严重打击，因此，公元前493年，他率军返回亚洲。

但大流士很快从战败的阴影中走了出来。公元前490年，一个拥有600艘战舰的全新舰队从西里西亚出发，再次出征去完成未完

1. 希罗多德：《历史》，第六卷，第9页。
2. 希罗多德：《历史》，第六卷，第16页。
3. 琐罗亚斯德教的祭祀场所。——译者注
4. 每次吃饭时，都有侍者提醒大流士：“大王，记住雅典人。”
5. 希罗多德：《历史》，第五卷，第105页。

成的任务。马多尼斯被剥夺了海军统帅的职务，大流士将这一职务转而授予了达蒂斯（Datis）和阿塔菲尼斯（Artaphernes）。军队因骑兵而强悍！骑兵是波斯人的专长，为了方便海上直航，许多马车被运上了船。在一段时间之内，看起来一切顺利，提洛（Delos）、卡里斯图斯（Carystus）、泰米尼亚（Tamynae）、乔里亚（Choerea）和安吉利亚（Aegilia）已经支离破碎，而耶利多里（Eretria）甚至被彻底消灭了。

与此同时，皮斯特斯特的儿子希庇亚斯（Hippias）也加入了波斯一方，并暗示了在马拉松进行骑兵会战的可行性。这个建议是合理的，但结果是灾难性的。波斯人在马拉松战役中损失的士兵数量只有十分之一，他们的战斗力仍是敌人的十倍，但是他们对自己失去了信心，现在他们的愿望仅仅是回到船上并保证安全。在溃败途中，有七架桨帆船失踪了；其余的波斯军中，法勒隆港（Phaleron）[1]所造帆船上的水手则希望得到在身后追赶的雅典人的帮助。雅典人发现了这一举动，并对达蒂斯（Datis）进行了保护和引航，达蒂斯经过深思熟虑，秘密航行至小亚细亚。

希罗多德说："当马拉松战役失利的消息传到了喜斯塔斯皮（Hystaspes）的儿子大流士耳朵里的时候，他变得更加愤怒，渴望与希腊继续战斗下去。"但是，准备工作仍未完成，其间又经历了埃及的哈布比沙（Khabbisha）起义（公元前486年）及大流士去世，雅典人仍然无法摆脱成为奴隶的命运（公元前485年）。

1. 雅典港口。——译者注

尽管如此，大流士的帝国政策仍然存在，在重新征服埃及和巴比伦之后的两年内（公元前483年），几乎所有波斯人都在欧洲战场。[1]因为“大流士之子薛西斯率领五百二十八万三千二百二十人到达塞皮亚斯角（Sepias）和温泉关（Thermopylae）……但就算是有这么多人，从相貌和身材上来看，没有一个人比薛西斯本人更有资格拥有这种权力”[2]。

为了确保和加快进军速度，腓尼基和埃及的工程师们被要求在赫勒斯滂海峡上架设一座桥梁连接阿比多斯（Abydos）和塞斯托斯（Sestos）。在一次不成功的尝试之后，工程师被斩首，海被烙印师打上烙印，束缚住[3]，一个由三段桡船和五十桡船组成的双桥，被一种特殊的力量连接在一起，被树干、泥土和灌木覆盖在一起，横跨了整个海洋。[4]“正如埃斯库勒斯（Aeschylus）所说的那样，薛西斯的高速公路已经建成了”。

海军的利益也没有被忽视。两个波斯工程师，一个叫布巴里斯（Bubares），是美伽比佐斯（Megabazus）的儿子，另外一个叫阿塔楚斯（Artacheus），是阿塔乌斯（Artaeus）的儿子，马多尼乌斯（Mardonius）的舰队在阿多斯海角转弯时遭遇海难，接着进入运河之后发现“这样的宽度，两个战船并排通过应该是可行的”[5]。罗林森（Rawlinson）教授说：“希腊海岸的任何组成部分，对于阿索斯来说都是如此危险；即使在今天，希腊的船夫也拒绝

1. 被薛西斯摧毁后，巴比伦永远不会复原了，只剩“一声叹息和一个名称”。这仅适用于巴比伦城，不适用于巴比伦省。
2. 希罗多德：《历史》，第七卷，第186—187页。
3. 希罗多德：《历史》，第七卷，第34页。
4. 工作完成后，薛西斯把一把波斯剑、一个金杯和一个金碗扔进了海里。这是献给太阳的礼物，还是悔恨的结果？
5. 希罗多德：《历史》，第七卷，第24页。

尝试环岛航行。”在这样的地方建造一条运河当然要比希罗多德的建造更好，更别说是希罗提斯提出的替代方案，更不用提在那个时候，这种切割是否被希腊人所熟知，这是值得怀疑的。[1]

与此同时，负责监督穿越军队的薛西斯舰队出发了，到达了多里斯科斯（Doriscus），在此地，薛西斯在一艘西顿船只上检阅了舰队。有1207艘三段桡船，其中腓尼基人出了300艘，埃及200艘，塞浦路斯150艘，西里西亚、爱奥尼亚、赫勒斯滂各出100艘，卡里亚70艘，爱奥利安（Aeolian）60艘，吕西亚50艘，帕多安和多里安各30艘，加上岛上的17艘。每一艘三段桡船都有200名本土的船员，以及30名波斯船员。[2]此外，还有3000艘三十桨船、桨帆船、轻型船和用于长途运输的马车；每艘船都有大约八十名船员。因此，薛西斯在多里斯科斯时，总共有4207艘船和517610名士兵，但后来，由于色雷斯人的加入，这些数字增加了，薛西斯又获得了120艘三段桡船，以及2.4万名男丁。四名海军将领负责舰队，他们都是波斯人：薛西斯的兄弟阿契美尼斯统领埃及舰队；大流士和戈布里斯的儿子阿利比尼，薛西斯的同父异母兄弟，统领爱奥尼亚和卡里亚的船只；而在其余的船只中，有些由普利西塞斯（Preatheses）统领，他是阿司帕提涅斯（Aspathines）的儿子；其他人由美伽比佐斯（Megabazus）统领，他是美迦巴铁斯（Megabates）的儿子。[3]希罗多德提到的中将是外国人，但这支伟大舰队的船长们没有被分别或一起提及。

舰队随同陆军从多里斯卡斯（Doriscus）到达阿堪萨斯（Acanthus），在那里接到命令前往塞尔玛（Therma）。舰队扬帆

1. 罗林森：《五大帝国》，第三卷，伦敦，1879年，第450—451页。
2. 希罗多德：《历史》，第七卷，第96页，第184页。
3. 希罗多德：《历史》，第七卷，第97页。

起航，通过阿托斯运河，到达目的地。在这里，120艘色雷斯船加入了这支浩浩荡荡的大军。薛西斯抵达后，登上一艘西顿船，去珀纽斯（Peneus）河口一探究竟。对薛西斯来说，雅典和斯巴达到底算什么，难道只是他旅游行程中的余兴节目？

在即将离开塞尔玛之时，一个由10艘船只组成的中队前往斯基泰（Scyathus），在那里，它缉获了3艘正在侦察的希腊船只。但很快，不幸就降临在薛西斯头上：因为一场剧烈的暴风雨，波斯舰队不得不在卡司塔纳伊亚（Casthanaea）市和塞披亚斯（Sepias）海岸之间的一处地点抛锚停泊，造成大约四百个三段桡船和无数运输物资和士兵的船只被摧毁。“这个残骸竟然成了巨大的利润来源，使得在塞披亚斯拥有土地的玛格涅西亚人阿米诺科列斯（Aminocles）大发横财。”[1]希腊人得知后，向波塞冬行祈祷并行灌奠之礼，称他为大救星，他们将船开到阿尔铁米西昂（Artemisium），“希望那里只会有少数几艘船反对他们”。

但波斯舰队中大多数精锐部队都在那里，并且斗志昂扬。为了防止那些落入手中的希腊人逃跑，波斯人分出几百艘船，沿着欧洲海岸航行，封锁了欧里斯海峡（Euripos）。但随着波斯舰队接近欧博亚（Euboea）的科拉（Coela），雨水减少，洪水来临，狂风呼啸，舰队被摧毁：所有这一切都是由神所造的，希腊人给波斯带来了平等的观念，或者使之在面对希腊人时，至少不会产生优越感。

同时，在经过一场进退两难的遭遇战之后，波斯人损失了30艘船只。驻扎在阿尔铁米西昂的波斯人奋起进攻，猛烈地进攻使雅典舰队损失了整整一半。接着，温泉关（Thermopylae）战役

1. 希罗多德：《历史》，第七卷，第188—191页。

的消息传来，希腊人不幸战败了。黑夜和波斯人的怠惰给了雅典舰队帮助；在当天的休整中，甚至连雅典人的受损船只都逃跑得无影无踪了。

不仅赞美属于波斯人，而且海上航线现在也全都畅通无阻。薛西斯向雅典进发，为了报复波斯在萨迪斯的失败，他们焚烧了雅典的圣迹；舰队穿越欧里斯海峡，绕过了苏尼翁角（Sunium），在法勒隆（Phaleron）的海湾停靠。

希腊舰队就在附近的萨拉米斯港口停泊，欧里比亚德斯（Eurybiades）坐镇指挥。此时，同盟舰队大部分军官的意见是他们应航行到地峡一带，在伯罗奔尼撒半岛沿岸开始战斗：在海上决战的话，如果在萨拉米斯岛开战，他们将在岛上被围困；但如果在科林斯地峡一带决战，一旦不幸战败，他们还可以逃回自己的城市。[1]但地米斯托克利将军认为，如果撤出萨拉米斯湾，全希腊都要同归于尽。统帅欧里比亚德斯并没有听取这一决定，导致希腊舰队遭遇了惨痛的失败。不过，由于波斯人海上力量的威胁，尽管欧里比亚德斯犯下的错误不可弥补，民众的怒火也不得不平息。[2]就算如此，地米斯托克利将军并没有放弃。但由于这一威胁太过严峻，因此，总共有380艘船，地米斯托克利将军指挥了两百艘。

与此同时，薛西斯已经几乎恢复了他的海军损失，就像埃斯库罗斯所说的那样："一千只战舰（我知道的数字）和二百零七艘快艇上都飘扬着波斯的旗帜。"[3]"对波斯人来说，在阿提密西安

1. 希罗多德：《历史》，第八卷，第49页。

2. 普鲁塔克著，朗豪（Langhorne）译：《地米斯托克利传》（*Lives: Life of Themistocles*），伦敦，第113页。

3. 埃斯库罗斯（Aeschylus）：《波斯人》（*Persae*），第二卷，第343—345页。

（Artemisium），可能唯一需要担心的是，万一希腊人会飞，就能逃脱惩罚了。”[1]因此，有200艘船被命令包围所有的通道，并包围这些岛屿[2]；与此同时，薛西斯在破晓时分登上悬崖，通过自己的双眼注视着这场海战（公元前480年）。

> 波斯舰队排成三行，应国王的要求发动进攻。希腊的船只吃水很小，退到岸边去了；波斯战舰既沉又笨重，在给予追击时，一开始就不慎在浅滩搁浅。随着时间的推移，在海风的推动之下，海峡里开始形成巨浪。排成三行的阵型阻碍了舰队撤退；狭窄的空间却促进了舰船之间的碰撞。地米斯托克利在选择他的船的位置和他的行动的时候都显示了他的智慧。到晚上，宏伟的波斯舰队只剩下残骸；有五百艘船只沉没，与舰艇一起沉没的，有他们的舰队司令，也是国王的兄弟：亚里阿密尼斯（Ariamaes），波斯的水师提督，一个值得尊敬的英雄，以及到目前为止，国王兄弟中最勇敢的人，他一直指挥着他的军队，是对抗地米斯托克利军的主力。他的战舰硕大无比，从上面投掷的标枪和发射的箭矢，浓密的如同堡垒的防壁。迪西利亚人（Decelean）阿米尼亚斯（Aminias）和佩蒂亚人（Pedian）索西克利（Sosicles）同在一艘船上作战，等到他们和波斯人的战舰迎头相撞，青铜的船头都插进对方的船体，纠缠在一起无法分开，亚里阿密尼斯刚想登上希腊人的战船，就被这两位勇士的长矛刺穿，整个人坠入海中，他的尸体与其他船只的遗骸漂浮在海面，阿提米西娅

1. 罗林森：《五大帝国》，第三卷，伦敦，1879年，第463页。
2. 普鲁塔克著，朗豪译：《地米斯托克利传》，伦敦，第114页。

（Artemisia）知道以后，打捞起来送给薛西斯。[1]

萨拉米斯战役的失败极大震撼了薛西斯。因此，他努力说服自己虚伪的灵魂，让自己相信他已经达成了远征的直接目的，即征服雅典，而征服希腊的最终任务，可以留给一个总督，他派总司令马多尼乌斯（Mardonius）统领36万人的军队留下，而他自己和余下的军队则通过赫勒斯滂海峡撤退了。与以前一样，薛西斯随后走上了陆路，与此同时残余的波斯舰队则受命继续保卫这座浮桥。然而，这一努力被证明是徒劳的。地米斯托克利提议，通过破坏这座浮桥，将亚洲来的敌人困在欧洲并消灭。[2]这个提议被阿里斯蒂德斯否决了，因为他渴望尽快摆脱这些邪恶的敌人，巴不得为薛西斯的回程提供便利[3]，然而天有不测风云，被打上“禁锢”“灾祸”烙印的大海，并没有对波斯人同样宽容。一场暴风雨摧毁了这座桥，上一年的所有努力全部泡汤，军队不得不乘船渡过海峡。[4]

毫无疑问，马多尼乌斯认为自己能够胜任所承担的任务。“在海上，在你的木塔[5]里，”他对希腊人写道，“你们虽然在海上击败了我的同胞；但是，在塞萨利和皮奥夏，仍然有广阔的原野，在那里骑兵和步兵都可以成为战争最大的优势。”但普拉塔亚（Plataea）成了马多尼乌斯及他的骑兵和步兵的墓地：萨拉米斯的灾难仍然无法挽回。

与此同时，伟大舰队的残余部队在爱奥尼亚海的卡拉米

1. 普鲁塔克著，朗豪译：《地米斯托克利传》，伦敦，第116页。
2. 普鲁塔克著，朗豪译：《阿里斯提德传》，伦敦，第87页。
3. 希罗多德：《历史》，第七卷，第117页。
4. 普鲁塔克著，朗豪译：《阿里斯提德传》，伦敦，第87页。
5. 战舰。——译者注

（Calami）避开了一支希腊舰队，并在米卡里（Mycale）获得了陆地部队的庇护。[1]但是，就算波斯人能把他们的船划到岸上，用石头和木材建造堡垒保卫舰队，希腊人也可以在陆地上打一场海战。结果他们真的上岸了，遭遇波斯军队，并且打败了他们。战舰成了被无情射击的战利品。

米卡里战役完成了萨拉米斯战役的工作，波斯不再能够保留欧洲领土[2]，甚至在亚洲海岸的领土也没能保住，从爱奥尼亚到旁非利亚的土地都丧失了（公元前479—公元前466年）。然后，在公元前466年，波斯海军提督提特拉乌斯泰斯（Tithraustes）计划占领小亚细亚海岸，却重复了米卡里战役的失败。大约有600艘船及一支庞大的军队，突然发现自己面临的不是腓尼基盟国的80艘大船，而是雅典西蒙（Cimon）将军率领的两百艘军舰。由于恐慌，提特拉乌斯泰斯将他的海军舰队转变成了河船，进入埃里蒙顿（Eurymedon），在航行中寻求安全。最后，他的两百艘船落入敌人手中。"某种证据表明，"普鲁塔克说，"曾经波斯舰队的舰艇极多。"现在波斯海军的士兵虽然获救，但舰队几乎已经被消灭殆尽了，而类似的命运也发生在塞浦路斯的腓尼基人身上，因此当薛西斯在公元前466年被暗杀的时候，波斯海军只剩下负价值。你找不到它们，但在陆上，这些人却是陆军的负担。

尽管如此，必须阐明，波斯是有忠义之士的，阿里亚马尼亚人（Ariamaenes）或阿利比里尼亚人（Ariabignes）与他们的船只在萨拉米斯（Salamis）一起沉没后，埃昂（Eion）的治理者波该司（Boges）或波特司（Butes）在葬礼上与他的同僚一起投火

1. 希罗多德：《历史》，第九卷，第96页。
2. 只有多瑞斯库斯（Doriscus）城是个例外。

自焚谢罪[1]："没有人能够从多瑞斯库斯（Doriscus）赶走玛司卡美斯（Mascames），尽管许多人做了尝试。"[2]"他是伟大的国王，他是大海的主人，这不是一个虚伪的吹嘘"[3]，因为他缩短了海峡两岸的距离，并扩大了它的领土范围，一如他的意志，他使赫勒斯滂海峡成为一个地峡及阿陀斯山的峡谷。

这也是表明薛西斯海军雄心壮志的最后遗言，因为通过对被指控犯有强奸罪的皇族提斯匹斯（Teaspes）的儿子撒塔司佩斯（Sataspes）作出有条件的赦免，薛西斯将他环绕非洲的航行逐渐上升为一个决定生死的问题。皇家歹徒驾驶一艘埃及的船只，穿过地中海到大西洋，在利比亚的索洛利斯角转向，向南方进发，但是"经过许多个月的航行之后，当他发现他仍然要航行不知多久时，他返航了"[4]——宁可面对不可捉摸的薛西斯，也不愿面对无边无际的大海。

撒塔司佩斯为自己想到了绝妙的辩护理由——上帝不会伤害任何人（*Actus Dei nemini nocet*）。他曾航行到一个难以捉摸的侏儒国家，那里的人穿着棕榈叶的衣服，由于他的船抛锚，所以不能航行至更远的地方了。但薛西斯认为，撒塔司佩斯本可以为自己进行更好地辩护，另外，比起履行王命，抗命不归是更好的选择，既然他没有完成任务就选择回来，那么，还是对他执行死刑判决。

1. 希罗多德：《历史》，第七卷，第107页；又见普鲁塔克：《西蒙传》（*Lives: Life of Cimon*）。
2. 希罗多德：《历史》，第七卷，第106页。
3. 希罗多德：《历史》，第七卷，第34页。
4. 希罗多德：《历史》，第七卷，第43页。

综上所述，阿契美尼德王朝第一阶段的历史就总结完了。从此以后，建立世界帝国不再通过波斯与希腊的战争，而是通过挑起希腊城邦之间的矛盾，引起希腊城邦对立来实现这一目的。作为这种新的分裂政策的必然结果，来自希腊的船长将协助总督作为波斯军队事实上的领导人，希腊雇佣军将取代波斯不朽者卫队作为波斯帝国国王的军团。

与此同时，埃及的背叛反映出波斯海军的崩溃，波斯军队在尼罗河三角洲的帕普雷米斯（Papremis）被击败，总督阿契美尼斯（Achaemenes）被杀死（公元前459年）。因此，叛军领导人伊那罗斯（Inaros）和阿米尔泰乌斯（Amyrtaeus）一世，通过《致命政变》(*coup de grace*) 描述的愿景引诱雅典与之结盟，一个有两百艘战舰的雅典舰队，成了拥有尼罗河流域及孟斐斯三分之二土地的主人。[1]薛西斯的儿子和继位者阿尔塔薛西斯希望以贿赂的手段使邻近政权屈服；但是，这种尝试还为时过早，斯巴达拒绝了波斯的“达里克”金币诱惑，没有答应波斯要求其入侵阿提卡的要求。

现在，波斯开进了埃及的战场。战斗打响，埃及人被击败，雅典舰队撤退到尼罗河上的普洛索披提斯（Prosopitis）岛上。对岛屿的围攻持续了十八个月，却没有任何进展。直到美伽比佐斯（Megabyzus）将军通过改变河道的路线，迫使雅典人像从前一样，放火焚烧自己的船只。[2]接着，一个由五十个重甲帆船组成的舰队缓缓驶入该地，由遭受了重大损失的腓尼基人引导，随着伊那罗斯和他舰队的同伙被处决，起义以失败告终（公元前

1. 修昔底德（Thucydides）著，B. 乔维特（B. Jowett）译：《伯罗奔尼撒战争史》，第一卷，牛津，1900年，第104页。

2. 修昔底德著，B. 乔维特译：《伯罗奔尼撒战争史》，第一卷，牛津，1900年，第109页。

455年）。

但是，雅典人没有忘记在普洛索披提斯的失败，组织了一个舰队，并派遣西蒙将军带领两百艘战舰从波斯人手中夺取塞浦路斯（公元前449年）。这项任务对波斯海军提督阿塔巴苏斯（Artabazus）来说非常艰巨，因为他在塞浦路斯有300艘战舰，而有成千上万的雅典士兵在西里西亚（Cilicia）安营扎寨，负责对抗美伽比佐斯。[1]此外，60艘雅典战舰被迫离港，到阿美塔乌斯（Amyrtaeus）一世藏身的地方埃及服役[2]，另外，在突破西蒂姆（Citium）防线之前，西蒙将军不幸牺牲，因此必须找到西蒙的继任者。[3]虽然面对如此局面，雅典还是拿下了西蒂姆和马卢什（Malus），收缴了腓尼基和西里西亚的船只，侥幸逃脱的腓尼基士兵几乎被追击到了美伽比佐斯的营地[4]，在陆上被歼灭。

此时，雅典在塞浦路斯首都萨拉米斯的城墙前安营扎寨，波斯人没有加强围攻力度，“雅典是海上霸主”，雅典这座城市早已证明是坚不可摧的。急于把塞浦路斯军队留在埃及巩固防线的阿尔塔薛西斯，看到军队已经对持久的包围战厌倦不已，决定接受下列条件，签署“和平条约”[5]：

（一）给予亚洲的希腊城市自由权和自治权；

（二）波斯指挥官不在三天之内出海；

（三）波斯人的战舰不得在超出黎凡特东部及黑海的塞阿

1. 狄奥多罗斯著，博斯译：《历史丛书》，第六册，伦敦，1814年。
2. 修昔底德著，B. 乔维特译：《伯罗奔尼撒战争史》，第一卷，牛津，1990年，第112页。
3. 修昔底德著，B. 乔维特译：《伯罗奔尼撒战争史》，第一卷，牛津，1990年，第112页；另据狄奥多罗斯《历史丛书》，西蒙死于“西里西亚的和平”之后。
4. 狄奥多罗斯著，博斯译：《历史丛书》，第七册，第一章，伦敦，1814年。
5. 狄奥多罗斯著，博斯译：《历史丛书》，第七册，第一章，伦敦，1814年。

尼亚（Cyanean）群岛范围的海面航行；

（四）雅典放弃塞浦路斯，并从埃及召回军队；

（五）雅典不得入侵阿尔塔薛西斯治下的任何一个省。

"和平条约"一直持续到公元前415年，远征西西里的雅典军的惨败打破了雅典与波斯的权力平衡，此种状况使得阿尔塔薛西斯的继任者大流士二世（Darius Nothus）下诏，命令小亚细亚的希腊殖民地必须重新开始进贡，这一任务被分配给总督蒂萨弗尼斯（Tissaphernes）和法那巴佐斯（Pharnabazus），他们通过与斯巴达签署攻守同盟节约了大量劳力：条约规定，波斯伟大国王"统领所有的领土，包括他所拥有的所有城市，以及他的祖先曾经拥有的城市"[1]，因此，斯巴达和波斯共同成了雅典的敌人。

然而，对总督来说，签订条约的目的并不是为了互惠互利。正如蒂萨弗尼斯自己对小居鲁士（the younger Cyrus）所承认的那样，"我迄今所做的一切都是纯粹遵从阿希比底斯（Alcibiades）的建议，我学到的，只不过是不应该让希腊人的任何一方变得过于强大，要让希腊各城邦争斗不休，互相削弱"[2]。因此，当斯巴达要求波斯援助其攻打雅典时，蒂萨弗尼斯率领147艘腓尼基战舰支援斯巴达，但只开到阿斯潘多斯（Aspendus），舰队就不再继续前进了。[3]同样，当斯巴达海军提督门达拉斯（Mindarus）翘首以盼由法那巴佐斯率领的驻扎在米利都的300艘腓尼基战舰时，他却只等到了姗姗来迟的消息——腓尼基人已经回到腓尼基去了。[4]

1. 修昔底德著，B. 乔维特译：《伯罗奔尼撒战争史》，第一卷，牛津，1990年，第18页。
2. 色诺芬：《希腊史》（*Hellenica*），第一卷，见"修昔底德著作翻译"，伦敦，1816年，第19页。
3. 修昔底德著，B. 乔维特译：《伯罗奔尼撒战争史》，第八卷，第87页。
4. 狄奥多罗斯著，博斯译：《历史丛书》，第十三册，第四章，伦敦，1814年。

虽然总督在不断节约开支，但觊觎波斯王位的小居鲁士，以大量金币为代价帮助身在萨迪斯（Sardis）的斯巴达大使雇用了五百名各类人才，他动用了自己的私人财富，甚至赌上了他的宝座。[1]因此在几年内，雅典和斯巴达的实力平衡被打破了：公元前405年9月，雅典舰队在羊河（Aegospotami）被歼灭；公元前404年4月，比雷埃夫斯（Peiraeus）的城墙和防御工事被拆除。

与此同时，埃及已经在阿美塔乌斯一世的孙子阿美塔乌斯二世的率领下起义，这次起义也得到了小居鲁士的支持。对王位的觊觎促使小居鲁士向埃及海军提督塔莫斯（Tamos）提供了520艘战舰。塔莫斯（Tamos）是何人？公元前405年，他曾率军围困米利都反对蒂萨弗尼斯。[2]因为犯了叛国罪，小居鲁士被召回苏萨。他到苏萨后，发现他的兄弟阿尔塔薛西斯二世已经继位成为波斯国王，他妄图谋杀其兄，并被判处死刑。

但小居鲁士并没有登上绞刑架，其母后为他求情，他被无条件赦免，因此，他得以回到小亚细亚，向盟友埃及和斯巴达求援，并最终招募了一个由十万当地士兵组成的军队及一个由一万三千雇佣军组成的希腊军团。此外，从伯罗奔尼撒来迎接小居鲁士的船到了，计有35艘，由拉西第蒙人毕达哥拉斯（Pythagoras）为将统带。他们是由埃及人塔摩斯（Tamos）从以弗所（Ephesus）领航来到依苏斯的。塔摩斯率领着另一支属于居鲁士的25艘船组成的舰队。[3]然而，远征军并非注定成功，居鲁士不幸死于库那克萨战役（Cunaxa）中（公元前401年），小亚细亚人恢复了对帝国的忠诚，而希腊雇佣军面对阿尔塔薛西斯的军队，切断了他们的

1. 色诺芬：《希腊史》，第一卷，见“修昔底德著作翻译”，伦敦，1816年，第18页。
2. 色诺芬著，斯贝尔曼译：《长征记》，第一卷，伦敦，1817年，第21页。
3. 色诺芬著，斯贝尔曼译：《长征记》，第一卷，伦敦，1817年，第21页。

道路，去向特拉布宗（Trebizond）。

斯巴达的敌意再明显不过，波斯帝国的无能也无法继续隐藏，为了安全起见，蒂萨弗尼斯制定了一个建造300艘腓尼基战舰的宏伟计划[1]，在计划中，斯巴达将不再是强大的海洋帝国。[2]消息泄露了，公元前399年，斯巴达国王阿格西劳斯（Agesilaus）越过小亚细亚；达里克金币被运往欧洲，在阿尔戈斯、底比斯、科林斯，可能也在其他地方流通。在六年的角逐之后，金币决定了胜负：在金钱的驱使下，阿格西劳斯“被一万名伟大国王的弓箭手”（波斯货币给人留下了弓箭手的印象）赶出波斯领土；公元前394年，斯巴达的珀珊德（Pisander）舰队在辛杜斯（Cindus）附近被科农（Conon）和法那巴佐斯率领的雅典-腓尼基联合舰队迎头痛击[3]；斯巴达所属的岛屿被占领了。事实上，法那巴佐斯甚至准备“为了自己，去拉科尼亚（Laconia），尽最大可能积蓄力量，报一箭之仇”，果然在辛杜斯战役结束的一年之后，法那巴佐斯再次蹂躏了伯罗奔尼撒半岛的沿海地区。[4]当然，科农无处不在，因为他鞍前马后地奔波，雅典获得了重建比雷埃夫斯（Peiraeus）与雅典之间堡垒的黄金。

现在，斯巴达人恢复了波斯的伙伴角色，租借了波斯总督泰里拔斯（Tiribazus）的船只，并停止了从本都（Pontus）到雅典的航运（公元前387年）。[5]伟大国王的政策取得了完全成功：他曾联合斯巴达对抗雅典，也联合雅典对抗斯巴达，并重新开启了这

1. 色诺芬：《希腊史》，第三卷，见“修昔底德著作翻译”，伦敦，1816年，第79页。
2. 普鲁塔克著，朗豪译：《阿格西劳斯传》（*Lives: Life of Agesilaus*），第一卷，第283页。
3. 色诺芬：《希腊史》，第四卷，伦敦，1816年，第103页。狄奥多罗斯《历史丛书》认为斯巴达有85艘船，波斯有90艘。
4. 色诺芬：《希腊史》，第四卷，伦敦，1816年，第121页。
5. 色诺芬：《希腊史》，第三卷，伦敦，1816年，第134页。

种循环。因此，色诺芬说，当泰里拔斯发出通告时，按照国王规定的条件，所有想要和平的国家都应该聚集在一起，它们的确都很快集合起来了。泰里拔斯在他们面前，首先亮出王的印记，大声念着他的命令，就像这样：

> 国王阿尔塔薛西斯二世认为，亚细亚的城市，克拉左美奈（Clazomenae）和塞浦路斯的两个岛屿应该是他自己的；但是，所有的希腊城邦，除了利姆诺斯岛、伊姆罗兹（Imbros）和塞罗斯，无论大小，都应该保持自由和独立；就像以前一样，继续臣服于雅典人。无论什么人拒绝和平协议，我本人都接受这和平，如有不从，无论是陆上的，还是海中的人，我们都要依靠船和财富与他们争战。[1]

希腊接受了“安塔西达斯（Antalcidas）的和平”，没有迟疑，但塞浦路斯的埃瓦戈拉斯（Evagoras）是个例外。此人在起义成功的第五年拥有了一支六千人的军队，以及由130艘帆船组成的舰队。但其中不包括50艘埃及船和20艘提尔船，这70艘船上几乎没有人服从他的命令。[2]他的军队散布在泰里拔斯和盖乌斯（Gaios）的300艘帆船里；他的岛屿本已被奥伦德斯（Orontes）的三十万大军攻占了；他的首都被围攻了六年，如今首都陷落看似已经不可避免。但是，奥伦德斯和泰里拔斯出现了嫌隙，“优雅政变”到来，这个觊觎权力的人突然被告知，每年按时纳贡后，他就可以保留他的都城和国王的头衔。

与此同时，波斯收复了小亚细亚的海岸。急于收复小亚细亚

1. 色诺芬：《希腊史》，第三卷，伦敦，1816年，第135页。
2. 狄奥多罗斯著，博斯译：《历史丛书》，第十五册，第一章，伦敦，1814年。

的原因：一来因为恐惧；二来因为对该地的偏爱。此时，只剩埃及等待被征服。据狄奥多罗斯的记录，国王的军队来到腓尼基的阿卡（Acre）之时，在法那巴佐斯治下有二十万波斯人，在伊菲克拉底（Iphicrates）治下有两万名希腊人，服务他们的是雅典人。海军包括（一）300艘桨在甲板上的三层帆船，（二）200艘三十桨船和（三）大量的运输船。[1]但是，波斯的所有军队和船只不过是看起来壮观，因为尼罗河七个月前就已经无法通航了。虽然一支部队已经秘密登陆，但在埃及军队可以动员之前，法那巴佐斯还是犹豫地接受了伊菲克拉底向孟斐斯进军的建议。当他被缺水的尼罗河延误行程之时，尼罗河的水位开始上升，接着淹没了这个国家。就此，伊菲克拉底和法那巴佐斯分开了（公元前374年），走了不同的道路。[2]

埃及探险的失败的后果是引发了各地总督的接连起义，到公元前362年，小亚细亚上的所有地区都脱离波斯帝国。斯巴达人煽动起义，埃及国王塔克霍斯（Tachos）派遣了两百艘船的舰队，由雅典将军卡布里亚斯（Chabrias）统领，从海上进军；在陆上，斯巴达人阿格西劳斯（Agesilaus）带领一万名希腊雇佣军，入侵叙利亚。但再一次，达里克金币被证明是不可战胜的，总督们的起义被镇压了。虽然如此，埃及人掀起了一场内战，以结束塔克霍斯的对外战争。

1. 狄奥多罗斯著，博斯译：《历史丛书》，第十五册，第一章，伦敦，1814年。
2. “伊菲克拉底，知道法那巴佐斯口头上准备充分，但他的行动却很缓慢，有一天以这种方式接近他——他想知道一个演说时如此滔滔不绝的人，为何在行动上如此缓慢。对此，法那巴佐斯回答说：“他只是自己言语的主人，但军事行动还是国王说了算啊。”

阿尔塔薛西斯二世于公元前359年驾崩。这是他的生命的第九十四年，也是他统治波斯帝国的第四十六年。现代历史学家倾向于让波斯人对阿尔塔薛西斯二世的失败负责，并将他的成就归功于希腊。[1]但是，没有必要通过贬损波斯来隐瞒古希腊人自己都承认的事实：在尼多斯战役中，法那巴佐斯当时是一名海军上将，是波斯总督泰里拔斯和盖乌斯领导了对塞浦路斯的进攻，法那巴佐斯在对埃及的进攻中还在与伊菲克拉底合作。最后，虽然皇家硬币[2]通常没有反映出航海的情况，但至少有一个金币，现在在吕讷（De Luynes）的藏品中。它正面一如达里克钱币上的图案那样，是波斯皇家弓箭手，但背面是一艘船的船头。[3]它可能是在库齐库斯（Cyzicus）铸造，以纪念国王开创了“安塔西达斯的和平”，并恢复了对海洋的控制。

阿尔塔薛西斯三世（Artaxerxes Ochus）成功地继承了波斯的王位，在屠杀后，王室立即将他的注意力转向了埃及。探险失败了；塞浦路斯和腓尼基起义；显而易见的是，起义没有成功，但不屈的火种留下了。阿尔塔薛西斯三世将塞浦路斯战争委托给卡里亚（Caria）的王子伊里留斯（Idrieus），并强化了军事力量，为此提供了三万匹马和三十万大军，同时进军叙利亚，并在西顿附近扎营。由于害怕，西顿人放了一把火，将他们自己的城市烧成了灰烬。顺便说一句，这把火，将国王从腓尼基战争中解放出来。

阿尔塔薛西斯三世现在可以继续他在埃及的行军。塞浦路斯

1. 参见爱德华·梅耶：《大英百科全书》第二十一卷，剑桥，1911年，第212a页；同时参见罗林森：《五大帝国》，第三卷，伦敦，1879年，第480页。

2. 与总督或下属国王发行的硬币不同。

3. 巴克莱·V. 海德（Barclay V. Head）：《吕底亚和波斯的钱币》（*The Coinage of Lydia and Persia*），伦敦，1877年，第51页。

被伊里留斯削弱，一万雇佣兵也从希腊来了。军队分为三个军团，每个兵团都被置于希腊雇佣军首领和波斯将领的双重指挥之下：希腊指挥官分别是拉克拉迪斯（Lacrates）、尼科斯特拉图斯（Nicostratus）和门特（Mentor）；波斯指挥官分别是罗萨斯（Rosaces）、阿里斯塔札尼斯（Aristazanes）和巴盖乌斯（Bagaios）。最后两位同时也是海军将领。阿里斯塔札尼斯率领的军团有超过“八十艘大船”，巴盖乌斯拥有“一支庞大的海军”。波斯总共率领300艘战舰进攻埃及，此外还有600艘运输船保障后勤补给。

与此同时，埃及国王内克塔内布（Nectanebo）轻蔑地嘲笑了波斯人军事实力，因为他的国家做好了坚固的防御工事。他的军队庞大，有大约八万埃及本土士兵，两万希腊雇佣兵。为了在尼罗河上行驶，他的舰队做了特别的改装。但是，一次战局的逆转就将自负的国王打回原形，他不过是个莽夫。内克塔内布撤退到孟斐斯去，前往埃塞俄比亚，将埃及拱手相让。

夺回埃及是阿契美尼德帝国的最后一次胜利。巴盖乌斯被赋予无限的权力，门特则被封为亚细亚海岸的总督；一段时间之内，许多国家又在伟大的国王的统治之下了（公元前343—公元前338年）。然后突然，这个幅员辽阔的大帝国崩塌了，一切都结束了。

这是一个显著的事实，虽然波斯“凭借美德，拥有了这片海洋的通航权”[1]，但是她没有努力阻止亚历山大越过赫勒斯滂海峡。第一次海战是在米利都（公元前334年），即使在米利都，门特的兄弟梅姆农（Memmon）率领的波斯舰队展现出的力量比它的实际效用更大，因为“他一整天都在希腊人的视野里航行，希望表

1. 阿里安著，卢奇英译：《亚历山大远征记》，第一卷，第十九章，伦敦，1984年。

现出他们敢于与希腊在海上交战”。然而亚历山大并没准备“与波斯人的舰队作战，或聘请塞浦路斯和腓尼基的航海专家，或试着展现马其顿人在如此不稳定的甲板上作战的技巧和勇气”[1]。

于是，梅姆农形成了大胆的设想，即将战争转移到敌国进行，并夺取安迪萨（Antissa）、麦修姆那（Methymna）、皮拉（Pyrrha）、厄里萨（Erissa）、米提林尼（Mitylene）、莱斯博斯岛（Lesbos），甚至基克拉迪（Cyclade）群岛。[2]不幸的是，随着他病重、死亡，末代国王大流士三世（Darius Codomannus）最后的希望也随之而去了。无论如何，这是狄奥多罗斯（Diodorus）描述的版本；另一方面，阿里安坚信，是奥托夫拉达提斯（Autophradates）和法那巴佐斯攻陷了米提林尼，因为在该镇陷落之前，梅姆农已经死了。[3]这条信息也来自阿里安的叙述，即两个波斯总督没有放弃梅姆农的入侵计划，因为在锡弗诺斯岛（Siphnus），斯巴达国王亚基斯（Agis）接见他们，他“需要用于战争的资金，以及送往伯罗奔尼撒战场的尽可能多的海军和陆军”[4]。最后，亚基斯收到了10艘船和盛放在泰伦特罐中的30罐银币，看起来好像波斯仍然能够得救，因为亚历山大对他在推罗（Tyre）的部队说：

> 我决不认为去埃及探险是安全的，而波斯人拥有海洋的控制权；也不要继续追逐大流士，而推罗仍然是未被抑制的，我们的敌人拥有埃及和塞浦路斯。我认为这是危险的，除非

1. 阿里安著，卢奇英译：《亚历山大远征记》，第一卷，第十九章，伦敦，1984年。
2. 狄奥多罗斯著，博斯译：《历史丛书》，第十七册，第三章，伦敦，1814年。
3. 阿里安著，卢奇英译：《亚历山大远征记》，第二卷，第一章，伦敦，1984年。
4. 阿里安著，卢奇英译：《亚历山大远征记》，第二卷，第十三章，伦敦，1984年。

他们重新夺回海港，并通过他们的舰队将战争转移到希腊。[1]

但是奥托夫拉达提斯和法那巴佐斯缺乏主动性，他们在伊苏斯战役（公元前333年）的失败中表现出的无能蔓延到海军，海军仍然存在，只是因为它在海上，没有面临陆地上军队遭遇的危险。由于波斯海军不是由波斯创立的，西顿、阿拉德斯（Aradus）和拜布罗斯（Byblus）的中队在听说亚历山大已经成为他们各自城邦的主人时，便抛弃了波斯人的事业；塞浦路斯紧随其后。推罗的陷落（公元前332年）标志着波斯海军的终结。此后，除法那巴佐斯的儿子马盖欧斯（Magaios）——尼阿库斯舰队中一艘三桨战船的船长[2]——独自坚守，在海上再也没有波斯阿契美尼德王朝海军的踪迹了。这些不稳定的元素，与亚历山大结盟了。

1. 阿里安著，卢奇英译：《亚历山大远征记》，第二卷，第十八章，伦敦，1984年。
2. 阿里安：《印度志》，第18章。

门上布满象征尊贵的瓶饰和镶嵌其中的珠宝，房屋内部的装潢毫不逊色，足以匹配华美的外饰，这里充斥来自其他国家的财富，不同文明、不同风格的奢靡汇聚一炉。

——阿伽撒尔基德斯（*Agatharchides*）

萨珊王朝兴起前波斯与东方的贸易史

有一个人，以勇气和财富著称，名叫厄立亚斯（Erythras），他是波斯人，穆尤扎乌斯（Myozaeus）的儿子。他的家在海边，面向一个岛屿。如今这里是沙漠，但在米底帝国时期，在厄立亚斯生活的时代，这里还是海洋。在冬天，他经常去帕萨尔加德（Pasargadae），他的旅行全部是自费的，能够欣赏不同的美景让他沉醉。但现在为了保护自己的利益，也为了生活更加闲适，他不再这样做了。因为有一次，狮子猛扑向他的母马群里，有些马被杀了。虽然其余的没有受伤，但那恐怖的经历久久萦绕在母马们的脑海里，因此它们逃向大海。当它们抵达海滩，一股强劲的风从陆上吹来，它们又陷入恐怖的回忆中，于是纷纷跳入波涛汹涌的海里，海浪带着他们随波逐流；它们的恐惧还没有消散，它们游过海，来到了海的对岸。和这群马同去的是它们的牧马人，他异常勇敢，抓住一匹母马的肩膀浮到了对岸。厄立亚斯开始寻找他的母马，但没有发现它们，于是他就放了一个小木筏，准备到对岸寻找他的马群。木筏虽然小，但它被绑得很牢固；正巧来了一阵顺风，他将木筏推下了海峡。他被海浪挟着，很快到达了对岸。在那里，他找到了他的马儿们和它们的饲养员。厄立亚斯对这个岛很满意，他在岸边选择了一个地方建造住处，在此定居。从此以后，从大陆那边过来的人越来越多，他们多是在对岸生活不如意的人。随后，厄立亚斯又开始在其他无人居住的岛屿安置大量涌入的百姓；百姓对厄立亚斯无比敬重，这是人民赋予他的荣耀。为了纪念他所做的一切，甚至直到我们生活的时代，他们都将那片海，那片一望无际的海域，称作厄立特里亚海。正因如此，说这么多的前缘，是因为这个故事可以很好地帮我们区分这两个名称（意思是说，被称作厄立特里亚海和被称作红海是截然不同的）；一个名称是为了纪念那海中最杰出的人，另一个是指海水的颜色。现在，关于这片海的名字，其中一个出于解释海水颜色的，是假的（因为这片海不是红色的），但另一个解释，赋予它名称的人是真实存在的，正如波斯故事证明的那样。[1]

然而，这个故事比波斯人写的故事更有波斯的味道。就像波斯湾的名字，不是来自濒临灭绝的古代帝国，而是来自复兴的新波斯帝国，所以厄立特里亚海的故事被认为是一个波斯故事，仅仅是因为这个故事被波斯人保存下来了。“在希腊人从野蛮变开化之前的数千年里，抑或是说，在腓尼基人创造了征服地中海和大西洋的功勋之前，人类文化和商业都集中在毗邻波斯湾的国家，该地区的各族人民，各阿拉伯部落，尤其是腓尼基人，神秘的‘红族’的祖先，是积极的运输者或中间人。[2]随着时间的推

1. 肖夫（Schoff）引用阿伽撒尔基德斯（Agatharchides）书，见肖夫校注：《厄立特里亚海环航记》（*The Periplus of the Erythraean Sea*），伦敦，1912年，第50—51页。

2. 肖夫校注：《厄立特里亚海环航记》，伦敦，1912年，第3页。

移，‘红族’离开了他们在埃兰的家园，定居在巴林岛[1]，他们从那里沿着南阿拉伯和红海的海岸，使绿洲变成‘红族’的领地。他们在阿拉伯半岛南部居住和统治的时间还没有定论，但显然是在公元前1800年，他们被阿拉伯人的始祖约坍（Joktan）的后代赶走了。“接着哈撒玛非（Hazarmaveth）来了，统治这一地区，并用自己的名字命名，将这里称之为哈撒玛特王国（the kingdom of Hadramawt），而他的兄弟耶扎布（Jerab），阿拉伯人的另一位祖先，是塞巴（Saba）的祖父，伟大的塞巴王国的创始人，也是位于阿拉伯半岛西南部的马里布（Marib）王城（塞巴王城）的建造者。”[2]

与他们身在阿拉伯腹地的伙伴不同，如今这些阿拉伯人是天生的商人和水手，从他们占领阿拉伯海岸的那一刻起，他们同样抓住了“有利可图的商业，他们提供宝石、香料和熏香，以不断增加的业务，侍奉埃及的神灵，这是他们的特权，他们小心翼翼地守护着，不让别人染指，他们因法老崇拜的兴盛而富饶”。印度的纱布和香料，由他们直接带来或者从亚丁湾两岸的港口的印度商人处得到；阿拉伯商人把他们转运到尼罗河的高地，或者横渡红海，穿过沙漠，将商品转运到底比斯或孟斐斯”[3]。随着时间的推移，阿拉伯人保持了他们商业上的垄断地位，建立了一个辉煌的

1. 无数带有著名腓尼基图案的巨型砖石建筑覆盖了该群岛的中心岛屿；在那里发现了腓尼基-亚述形状的象牙和至少一个楔形文字铭文。*J.R.A.S.*，1898年，第246页。
2. F. B. 皮尔斯（F. B. Pearce）：《桑给巴尔》(*Zanzibar*)，伦敦，1920年，第18页。
3. 肖夫校注：《厄立特里亚海环航记》，注释，伦敦，1912年，第3页。

文明，他们现存最早的书面记录由亚历山大图书馆的馆长阿伽撒尔基德斯提供，写于公元前113年：

塞巴人（Sabaea）[1]带来了丰盈的物产，使生活中得到极多的快乐。空气中弥漫着他们带来的芳香，但芳香似乎有种适得其反的趋势，以致当地人产生了义务去消减这个气味，在他们看来，好像大自然反对这种极致的享受。没药（药名。主治外伤，味苦，性平，无毒。明李时珍《本草纲目》记载，没药生波斯国。其块大小不定，黑色，似安息香。）、乳香、香脂、肉桂，以及桂皮这些香料，都是从大树中产生的。一方面，尽管国王才有权获得最高荣誉；另一方面，他却不得不被困在宫殿中，而他的子民，那些强壮、好战和有能力的水手，乘着巨轮，航行到生产香料的国度，他们在那里开辟殖民地，从那里进口larimnon，这是一种当地特有的香料。事实上，没有一个国家的人民像格尔哈人（Gerrhaeans）[2]和塞巴人那样富有，因为他们所处的位置是亚洲和欧洲之间几乎所有贸易的中转站。这些国度繁荣富饶，充实了托勒密王朝的叙利亚地区，这些国家作为获得最高利润的贸易中间商，向腓尼基人的商业供应货物，拥有着各种难以估量的优势。他们拥有大量的奢侈品，比如精雕细琢的盘子和雕塑，他们提供的商品还包括床，三脚桌和其他室内装饰品，其精美程度远远优于我们在欧洲看到的任何东西。属于他们的房屋，用于装饰的费用足以与富丽堂皇的王府相媲美。富豪们

1. 位于阿拉伯半岛西南角。——译者注
2. Gerrha位于幼发拉底河沿岸。——译者注

把金粉和银粉抹在柱子上，雕梁画栋，熠彩生辉。门上布满象征尊贵的瓶饰和镶嵌其中的珠宝，房屋内部的装潢毫不逊色，足以匹配华美的外饰，这里充斥来自其他国家的财富，不同文明、不同风格的奢靡汇聚一炉。就是这样的一个国家，从它的独立到与欧洲的距离，都是他们拥有巨额过剩财富的原因，为了维持奢华的生活，他们总是虎视眈眈地盯着邻国，没过多久，那些国家就会成为他们的猎物。他们总是为任何征服做好准备，一旦他们找到入侵邻国的手段，他们就不能再做邻国之间的中转商了，取而代之的是，他们有义务作为主人，去管理好新的地盘了。[1]

第一次试图剥夺阿拉伯人垄断印度贸易的尝试是在公元前18年，那年，奥古斯都命令阿里乌斯·盖乌斯（Ælius Gallus）去探索阿拉伯和埃塞俄比亚。但是，开拓印度洋的功勋应该归功于一个罗马奴隶，而不是罗马的将军，因为阿里乌斯·盖乌斯仅仅航行到阿拉伯半岛，最远不过到达拉德曼[2]（Radman，位于也门中西部），而一个被释放的奴隶[3]，他曾属于阿尼尤斯·普洛卡姆斯（Annius Plocamus）将军，航行到了卡曼尼亚（Carmania，位于今天伊朗的克尔曼省一带）的海岸，他不小心被北风所驱使，吹到了这里。[4]在这之后不久，公元45年，航海家希帕洛斯

1. 威廉·文森特引用阿伽撒尔基德斯书，见《古代印度洋的贸易与航海》，第一卷，伦敦，1807年，第33—35页。

2. A. 斯普林格（A. Sprenger）：《阿里乌斯的阿拉伯会战》（*The Campaign of Ælius Gallus in Arabia*），*J.R.A.S.*，1872年，第121—141页。

3. 罗马的奴隶被释放后，不仅享有奴隶主赋予的自由，而且享有政治自由，包括投票权。——译者注

4. 普林尼著，P. 霍兰德（P. Holland）译：《自然史》，第六卷，伦敦，1601年，第129页。

（Hippalus）“观察到了印度季风的周期性变化（毫无疑问，阿拉伯人和印度人早就了解季风了），成功地进行了贸易航行，并满载而归，返回了罗马。他带回来大量货物，获得了丰厚的报酬。包括宝石与珍珠、乌木与檀香、琼脂与香料，但最特别的一种商品，是胡椒”[1]。季风的发现，就像是罗马人大喊一声“芝麻开门!”，从此，新世界的大门向罗马人敞开了。就算这样，阿拉伯人仍然在那里，他们并没有被击溃。

在印度洋的贸易中，一个不知名的来自贝伦尼斯（Berenice，今埃及巴纳斯港）的商人在他的《厄立特里亚海环航记》中留下了不朽的记载。在书中，他记载了印度洋的海滨、海风、波浪和岩石，建筑师、中转商和船长，熏香、象牙和香料的采集者，出卖灵魂的人和灵魂的买家，很久以前阿拉伯人对印度洋贸易的垄断，印度奇特的海船，罗马人的冒险本能，从一个港口到另一个港口的距离，以及海上帆船的航路。所有这些都出自作者个人的全面观察和忠实记述。本是罗马人、阿拉伯人和印度人共享的海上贸易，后来却几乎被波斯人垄断了，因此，关于这段历史，有必要着重提及一下《厄立特里亚海环航记》这本书。

埃及中作为东方贸易的主要港口是米奥斯-赫尔墨斯港（Myos-hormus，今埃及库塞尔港）和贝伦尼斯港。

去往非洲和阿拉伯半岛南部的货船在秋分时离开了迈奥沙默斯，西北风把它们迅速带出了厄立特里亚海。那些在7月份前往印

1. 肖夫校注：《厄立特里亚海环航记》，简介，伦敦，1912年。

度或锡兰的人，如果他们在9月1日之前驶出厄立特里亚海，就有季风帮助他们穿越海洋。在埃塞俄比亚海岸的阿杜利斯（Adulis，又名Massowa，今厄立特里亚马萨瓦港），象牙、龟甲和犀角被出口，以交换布料、廉价的金属和送给国王的礼物。接下来就会到达非洲之角（今索马里东部）的一系列港口，其中最接近阿拉伯半岛的是阿费力特斯港（Avalites，索马里境内临近亚丁湾的古港），即现代的塞拉港（Zeila）。船舶通常是从阿里亚卡国（Ariaca，位于坎贝尔湾Cambay，印度西北部海岸）和婆卢羯车港（Barygaza，今印度布罗奇港）上货，把当地的产品——小麦、大米、黄油、麻油、棉布、腰带，以及萨卡里（sacchari），一种从种子中提取的蜂蜜——带到这些遥远的市场来。印度和阿拉伯的海上贸易并不仅仅局限于非洲之角；这条贸易航路一直延伸到阿扎尼亚（Azania），另一种说法是远至非洲的东海岸，最远到达拉夫塔港（Rhapta，今坦桑尼亚达累斯萨拉姆）。穆哈（Muza，今也门穆哈港）人派出许多大船到达遥远的地方，他们雇佣阿拉伯船长和中间商，这些阿拉伯人熟悉当地居民，他们与当地人通婚，了解整个海岸，懂得当地的各种语言。在沿海地区，贸易市场非常活跃，处于统一管理之下并且十分有利可图，因为非洲大陆的人，不需要他们本国出产的贵重商品（犀角、龟甲和象牙）他们愿意用这些奢侈品换取斧头、锥子、各种玻璃珠，以及印度生产的农作物。在拉夫塔港，贸易航线戛然而止，如果继续前行，将来到一片未知的海域，这片未知海域，与浩瀚无边的大西洋混合在一起。[1]

但是，如果按照《厄立特里亚海环航记》的指示返航，回到

1. 肖夫校注：《厄立特里亚海环航记》，第1—18章，伦敦，1912年。

阿拉伯半岛，我们会发现那里有两个商业市镇——位于北部的佩特拉古城（今约旦佩特拉）和南部的穆哈港。前者在通向也门和波斯湾的商路交界处；后者是海上贸易的枢纽，这里有通向埃及贝伦尼斯港、非洲大陆东海岸的拉帕塔港和印度巴里加扎港的航线。一般来说，红海的东岸荒凉，但更远的南部，在阿拉伯南部海岸，有一些繁荣的港口，如坎那港（Cana，今也门比尔阿里）和穆哈港（Moscha，即前文中Muza），从那里出发，香料从香料大陆——包括乞力马扎罗山（Zafāri）、扎法里和巨努拔（Junūba）地区、哈德拉毛山谷和它对面的非洲索马里海岸——运到各地，香料用在尼罗河或幼发拉底河的神庙祭典上、锡安山（位于耶路撒冷以南的基督徒圣地），或被卖到波斯、印度和中国。

把视野转向波斯湾，那里有幼发拉底河畔的阿波罗格斯港（Apologus）和阿拉伯河（Shatta' l 'Arab）沿岸的卡拉赫-斯帕西尼港（Charax Spasini，又名Muhammarah，今巴士拉西北）。去任何一个地方的大船都定期从婆卢羯车港（Barygaza，今印度布罗奇港）开来，船上装满铜和檀香，加工好的柚木，以及红木和乌木的原木。阿曼（Ommana），在波斯湾南岸，那里的造船业规模庞大，上述波斯湾的三个城镇，都将商品出口到婆卢羯车港和阿拉伯地区，出口的商品有紫袍、服饰、葡萄酒，许多珍珠，以及大量的椰枣、黄金和奴隶。“在比阿曼更远的地方，还有一个帝国，是另一个波斯人的王国，那里有格德洛西亚湾（Gedrosia Bay，今巴基斯坦俾路支省沿海），海湾中部有一个海角，伸出到海湾。在海角上有一条河，内陆的船只从此入海。入海口有一个

小集镇，叫做Oraea……这片土地盛产小麦、葡萄酒、大米和椰枣，但沿海地区除了珍珠什么也没有。”[1]

阿里安也提到了Oraea镇，这座小镇位于阿拉伯河（Arabius）口，成了Oritae和Arabii之间的边界[2]，而卡拉赫-斯帕西尼，以邻近的阿拉伯国王斯帕西尼斯（Spasinus）命名，是一个独立的阿拉伯小国家的首都。[3]毫无疑问，在组织松散的帕提亚王国时期，阿拉伯人发现了海岸，将他们的贸易和殖民地扩展到波斯湾的北部沿岸地区；卡拉赫-斯帕西尼港和阿拉伯河之外，还有阿拉伯人居住的阿特拉（Atra）城，它在底格里斯河以西，由自己的国王统治，在帕提亚时代是一个特别重要的地方。[4]萨珊帝国的崛起阻止了阿拉伯人的入侵，但随着伊斯兰化进程的继续，位于波斯西南的省份胡齐斯坦（Khuzistan）省，获得了一个阿拉伯式的新名字，一直沿用到今天。

虽然帕提亚帝国的海上贸易中存在不少阿拉伯元素，但现存的波斯元素也不会被忽视。阿拉伯半岛最远端的点是位于阿拉伯半岛南岸的阿拉伯人定居点阿西克城（Asich），也叫Ra's Hasik（北纬17度23分，东经55度20分）。“在比这里更远的地方，”《厄立特里亚海环航记》中说，“就是蛮族生活的地区，那里不再和我们属于同一个国家，现在那里属于波斯。”[5]帕提亚帝国，无论是开国皇帝米特拉达梯一世（Mithradates I，公元前170—公元前138年在位），还是继任者米特拉达梯二世（Mithradates II，公元前124—公元前88年在位）和弗拉特斯三世（公元前70—公元

1. 肖夫校注：《厄立特里亚海环航记》，第37章，伦敦，1912年。
2. 阿里安著：《印度志》，第21章，第222页。
3. 普林尼著，P. 霍兰德译：《自然史》，第六卷，伦敦，1601年，第31页。
4. 关于波斯的文章，古代史部分，见《大英百科全书》，第二十一卷，第216a页。
5. 肖夫校注：《厄立特里亚海环航记》，第33章，伦敦，1912年。

前57年在位），从未成功消灭波斯的独立性。梅耶教授认为，“虽然波斯王认同安息（帕提亚）帝国对波斯的统治权，但波斯从未成为安息帝国（Arsacids）的一部分，尽管他们十分强大（斯特拉波，第十五章）。从《厄立特里亚海环航记》中，我们得知此时波斯王的统治权一直延伸到卡曼尼亚，以及其对岸的阿拉伯半岛。一位波斯国王，阿尔塔薛西斯，在卡拉赫发现的伊斯多尔残卷（*Isidore of Charax*）中被提到。其他国王都在他们发行的货币中被发现……大流士、纳塞赫（Narses）、梯里达底（Tiridates）、Manocihr等国王的名字都赫然在列”[1]。此时波斯的领土包括波斯地区、卡曼尼亚、波斯湾南岸，以及今天的阿曼，因此，在《厄立特里亚海环航记》中提到，此时波斯人不可能在没有制海权的情况下，控制如此多的领土。与此同时，生活在卡曼尼亚的波斯人则不是这样。很明显，即使在《环航记》所记述的年代之前，如果没有强大的舰队，就无法保证国家的安全。就像普林尼记录的那样“纽曼努斯（Numenus），安条克国王的王储，统治梅森那（Mefena）地区，拥有自己的军队，在海战中击溃了波斯人，就在同一天，他得到了顺着潮汐返回大陆的机会，又打败了对手的骑兵：因此，为了纪念一天内的两次胜利，他树立了两座胜利纪念碑，一座献给朱庇特（Iupiter），另一座献给海神尼普顿（Neptune）”[2]。根据贾斯蒂（F.Justi）的说法，这次战斗发生在公

1. 参见爱德华·梅耶关于波斯的文章，见《大英百科全书》，第二十一卷，第254页。G. F. 希尔先生得出了同样的结论：这些波斯王从公元前250年左右统治到公元226年，钱币正是在波斯帝国中的两个大城市帕萨尔加德和波斯波利斯被打制。参见《大英博物馆希腊（波斯）钱币目录》（*Catalogue of Greek Coins in the British Museum* [*Persia*]），伦敦，1912年，图版29—37，又见简介。

2. 普林尼著，P. 霍兰德译：《自然史》，第六卷，伦敦，1601年，第141页。

元前165年[1]，但细节缺失，根据《环航记》作者的描述，在阿拉伯到印度的航线上，似乎已经可以从库里亚穆里亚（Kuria Muria，阿曼南部的群岛）直达马西拉岛（Masira），接着进入印度河，按道理讲这应该是他航行中最重要的一段路程，但这段记录最为简短，因此，关于这段航路的记录，作者可能仅仅是基于道听途说。

如今，这里仍然是印度的沿海地带，其中的主要港口包括北部的巴巴里库姆（Barbaricum，即Karachi，今巴基斯坦卡拉奇）和婆卢羯车（Barygaza，即Broach，今印度西海岸布罗奇）；以及西南部的穆兹里斯（Muziris，即Cranganore，今印度科钦）和尼兰达（Neleynda，即Kottayam，今印度戈德亚姆）；东南部的卡马拉（Camara），波杜卡（Poduca，今本地治里附近）和索帕塔马（Sopatma）；以及恒河的河口三角洲。穆兹里斯和尼兰达出口大量胡椒、香樟膏（malabathrum）、优良的珍珠和丝织品，另外，像科罗曼德尔（Coromandel，印度东南沿海地区）海岸的部分港口，统领着整个海岸的贸易和海上交通：

> 穆齐里（Muchiri，即穆兹里斯）是座繁荣的港城，臾那人（Yavanas）来了[2]，他们宏伟的大船载满了黄金，溅起了白色的浪花，从喀拉拉邦的佩里亚尔河（Periyar）顺流而下，

1. 奥托夫拉达提斯（Autophradates）可能是安条克四世将军在公元前165年与努曼努斯（Numenus）战斗过的人，参见《伊朗语言学纲要》（*Grundriss der iranischen Philologie*），斯特拉斯堡，1896—1904年，第487页。

2. 耶槃那（Yavanas）= 希腊人（Iaones）；还包括波斯人，如梵语诗人卡利达萨（Kalidasa）在*Raghu Vamsam-vide*第四章中描述的拉胡（Raghu）的征服中的用法，见《奥里萨邦的遗迹》（*Orissa and her Remains*），加尔各答，1912年，第98页；阿拉伯人，以及老挝西部或掸邦的人民。Yavana, Yona, Yon, and Yuen，如果不是源于Chieng，那一定是与Yüan和Yüeh有关。Chieng这个在安南越南语中，是汉语Yüeh的泰语同义词。参见格里尼（Gerini）：《托勒密东亚地理学研究》，第133—134页，以及第120页n. 3、第128页n. 2、第132页。

> 满载胡椒而归。[1]人们用鱼换来稻谷，装在篮子的鱼儿被送到千家万户；人们用麻袋装着胡椒从家里带到市场上；船上的黄金被驳船运到岸边，用来交易出售的货物，在穆齐里，涛声依旧，从不停息，库杜万王（Kudduvan，切拉王朝[2]国王。）在这里向到访者们展示了当地海中和群山里的稀有之物。[3]

值得注意的是，安度罗王国（Andhra）的钱币的一个通常的特征是上面有一艘有两根桅杆的船，“这艘船所见证的海上交通往事，也通过在科罗曼德尔海岸发现的大量罗马钱币得到了证实”[4]。

同样，在印度东海岸，《环航记》的记载也被泰米尔地区流传的诗歌所证实。例如《环航记》中出现的港口城市卡马拉，与诗歌《西拉帕蒂卡拉姆》（*Chilappathikaram*）中出现的城市普卡（Pukar）或卡维里帕迪南（Kaviripaddinam）极为相似：

> 在海滩附近有不少隆起的高地，上面有大量堆栈和仓库，仓库窗户的形状像是鹿的眼睛，从船上卸下来的货物就堆放在那里。[5]在支付关税之后，官员在货物盖上了老虎形状的印章（朱罗［Chola］王朝国王之印），接着，货物就被送进了

1. 《阿卡姆》（*Akam*）中的*Erukkadur Thayankannanar*（200多位泰米尔诗人在不同场合创作的401首不同作品的集合）第148卷，见卡纳卡萨海（V. Kanakasabhai）译：《一千八百年前的泰米尔人》（*The Tamils Eighteen Hundred Years Ago*），马德拉斯和班加罗尔，1904年，第16页。
2. 切拉Chera，南印度早期王朝。——译者注
3. 卡纳卡萨海译：《一千八百年前的泰米尔人》，马德拉斯和班加罗尔，1904年，第16页。
4. E. J. Rapson,《安德拉王朝的钱币》（*Coins of the Andra Dynasty*），伦敦，1908年，第81页；又见普林尼著，P. 霍兰德译：《自然史》，第六卷，伦敦，1601年，第33页。我们国家花费了5000万塞斯特斯到印度贸易。在罗马，从印度带回的商品售价是其最初价格的100倍。
5. 卡纳卡萨海译：《一千八百年前的泰米尔人》，马德拉斯和班加罗尔，1904年，第25页。

商人的仓库。[1]这里还有四分之一的商人来自海外，他们说着各种各样的语言。[2]

骏马从遥远的内陆运输到这里，接着送往海外；胡椒被装上了船；金银珠宝来自北方的山脉；檀香和aghil来自山区，被运往西方；还有南部海域的珍珠，东部海域的珊瑚，以及恒河流域出产的农产品（它们生长在卡瓦里［Kavari］的河岸上）；埃兰、锡兰的食品及卡拉卡姆（Kalakam）的手工业制品都运到了卡维里帕迪南的市场上。[3]

在《环航记》中，恒河三角洲[4]显然是罗马人贸易的终点。过了一段时间，在公元166年，一群外国人，自称是安敦（罗马皇帝马可·奥勒留·安东尼乌斯）派来的使者在东京[5]登陆，接着沿陆路到达皇宫，见到了汉桓帝。之后的公元226年，又一位西方人到达中国，他是一名商人，仍然来自名为大秦或犁靬的地方；他也从东京登陆，被送到吴王孙权的宫殿里。通往中国的海路对罗马人来说毫无疑问是一个重大的发现，然而，丝绸贸易不得不沿陆路进行。因为，哪怕中国的帆船在公元前2世纪甚至更早就已经航行至印度马拉巴（Malabar）了，[6]但是在萨珊王朝以前，这些帆

1. 卡纳卡萨海译：《一千八百年前的泰米尔人》，马德拉斯和班加罗尔，1904年，第25页。
2. 卡纳卡萨海译：《一千八百年前的泰米尔人》，马德拉斯和班加罗尔，1904年，第38页。
3. 卡纳卡萨海译：《一千八百年前的泰米尔人》，马德拉斯和班加罗尔，1904年，第27页。
4. 卡纳卡萨海译：《一千八百年前的泰米尔人》，马德拉斯和班加罗尔，1904年，第11页。提到恒河岸边的海港甘盖（Gangai）。
5. 越南北部城市，《后汉书》中记作日南，《后汉书》载“至桓帝延熹九年，大秦王安敦遣使自日南徼外献象牙、犀角、玳瑁，始乃一通焉”。——译者注
6. 肖夫校注：《厄立特里亚海环航记》，伦敦，1912年，第214页。云南和勃固（Pegu）之间的贸易始于2世纪，见《赵汝适及十二、十三世纪的中国与阿拉伯贸易（诸蕃志）》（*Chau Ju-kua, his work on the Chinese and Arab trade in the twelfth and thirteenth centuries, entitled Chu-fan-chï*）。

船的航行没有任何规律性。而且，印度的丝织业的产生和发展不早于基督教时代，此时的中国是丝绸的唯一产地。正如《环航记》的记载：

大海止于秦国的某处，在秦国内地颇靠近北方处有一称为秦奈的大城，从那里生丝、丝线和丝料沿陆路通过巴克特里亚被运到婆卢羯车，另一方面，这些货物由恒河水路被运至达米里加（Damirica）[1]，但要进入秦国并非易事，从秦国来的人也很稀少。[2]

陆上贸易线路包括南路和北路，路线如下：

西安府，兰州府，甘州（今张掖），玉门县，安西州（今瓜州），从罗布泊到且末（Tsiemo，希腊文献中的阿斯弥良城Asmiraea）时丝绸之路开始分岔，南路沿塔里木河到和田和莎车，接着翻过帕米尔高原向西抵达阿姆河和巴克特里亚。这条线路最早在公元74年由中国将军班超的军队开辟。第二条路，即丝绸之路北道，开始的线路和丝路南道一样，从西安到且末，接着沿塔里木河向北至库车、阿克苏和喀什，越过难以逾越的铁列克达坂（Terek），到达锡尔河及撒马尔罕。在那里有一条路向南到巴克特里亚，另一条向南的路更直接地通向木鹿城。这条路在公元94年同样由班超开辟……在巴克特里亚，这条陆路贸易路线再次分岔，从西部穿越帕提亚高原到达幼发拉底河，或向南通往巴米扬、喀布尔山谷、开伯尔山口和印度河。孔雀王朝时期，从塔克西拉穿越旁遮普，

1. 即利穆里斯Limyrice。——译者注
2. 肖夫校注：《厄立特里亚海环航记》，第64章，伦敦，1912年。

> 到达首都巴特那（Palibothra）的道路开通了，其分支线路从马图拉向南延伸到邬阇衍（Ozene）和德干（Deccan）。由于生活在印度河下游部落的特点，这条线路沿印度河直抵印度河入海口的路线显得不那么重要了，这一点从文献中就可以看出。根据《环航记》记载，经由陆路运往婆卢羯车的商品远多于运往巴巴利库姆（Barbaricum）的。[1]

后来，随着萨珊波斯的崛起及波斯航海业的崛起，丝绸贸易权完全落入波斯商人手中。从陆路来的那部分丝绸已经被帕提亚人垄断，随着帝国统治权易主，这一权利事实上也传给了波斯商人；但从海上运输而来那部分丝绸，或经由巴克特里亚到达印度港口的那些，完全是靠竞争及波斯海军的发展获取的。要研究这股在印度洋上取代罗马商人和阿拉伯商人的新势力，现在是时候了。

1. 肖夫校注：《厄立特里亚海环航记》，伦敦，1912年，第268—270页。

埃塞俄比亚人不可能从印度人那里购买到丝绸，因为波斯商人总是自己在印度船只最先进入的港口（因为他们和印度毗邻）等候，并且习惯于垄断全部货物；对希米叶尔来说，穿越一个沙漠之国似乎已经是一件困难的事情了，因为这个沙漠之国绵延得如此之远，穿越那里就需要很长的时间。

——普罗科匹厄斯（*Procopius*），《波斯战史》（*De Bello Persico*）

萨珊王朝航海史

波斯王子帕帕坎的养子、牧羊人萨珊的儿子阿尔达希尔-帕帕坎（Ardashir-I-Papakan），是波斯第二帝国的第一任国王。在北部和南部，新帝国与旧帝国的疆域是一致的，而在东部和西部，虽然边境偶尔会到达印度河和尼罗河[1]，但永久的边界是马克兰河和幼发拉底河的西岸。在他的铭文中，这位萨珊国王被冠以“伊朗人和非伊朗人的王中之王”称号，但他所拥有的唯一一块非伊朗的土地，是美索不达米亚东部。事实上，萨珊帝国比阿契美尼德帝国更像是凯扬帝国（Kayanian Empire）的延续：在凯扬帝国的辉煌之下[2]，萨珊国王登上了王位，在凯扬帝国的旗帜之下[3]，萨珊军队走上了战场。“Sasanian”这个名字即“Kayanian”，因为牧羊人萨珊是琐罗亚斯德的守护神古施塔斯普（Goštāsp）[4]的第七个后裔。由于阿尔达希尔是萨珊的儿子，他很自然地成为“信仰的捍卫者”，并将琐罗亚斯德的“至高宗教”再次提升到波斯国教的地位。

因此，决定这片海是阿里曼（Ahriman，琐罗亚斯德教恶神）

1. 文森特.A.史密斯（Vincent A. Smith）：《阿尔达希尔-帕帕坎对旁遮普的入侵》（*Invasion of the Panjāb by Ardashīr Pāpakān*），*J.R.A.S.*，1920年4月号，第221—226页。
2. 皇家荣耀（Farr-i-Kayani），赋予波斯所有合法国王以神圣的王权和王权的神性。
3. 篡位者达哈克（Dahhak）被铁匠卡瓦（Kawa）拿下，他的皮围裙成了国家自由的象征。
4. 古施塔斯普（Goštāsp），凯扬帝国国王，支持琐罗亚斯德教。——译者注

创造的还是阿胡拉·马兹达创造的，对波斯人的航海事业来说是至关重要的。亚美尼亚国王提里达特斯（Tiridates）是帕提亚王朝国王沃洛加西斯一世（Vologaeses I）的兄弟，公元66年，他不得不前往罗马，从尼禄手中接过冠冕，获得册封。正因为这段旅程，使蒂尔（C. P. Tiele）得出了结论：海洋是属于恶神阿里曼的。[1]

“这可能意味着，”莫尔顿说，“一世纪的安息王朝继承了某种古老的伊朗血脉，而这种行为，刚好符合薛西斯对某种雅利安人从来不知道的元素的蔑视，因此他从来没有像希腊人和日耳曼人那样，热爱这种元素。但是蒂尔毫无根据地忽略了普林尼提出的理由，即提里达特斯不会污染一种神圣的元素，不能够像一个海上旅行者必须做的那样[2]，我们的推论是，大海和其他水域一样，是奥玛兹德（Ormazd）献给麻葛（Magi）[3]的创造物，而令薛西斯恐惧，是它们的特征。我没有按希罗多德（VII.，91）的记载，麻葛被献祭给了海洋的妖魔忒提丝（Thetis）和聂鲁伊德（Nereids），因为我们被明确告知这件事是由爱奥尼亚人推动的，但我认为，蒂尔的观点是错上加错的。”[4]

然而，有更直接的证据证明，海洋和恶神阿里曼无关。巴列维文的《千条律例书（*Matigan-i Hazar Datistan*）》（*Madegane-lak-yom*）是达斯特尔·阿达巴德·马雷斯潘德（Dastur Adarbad Marespand）于公元4世纪所著，他在写给儿子查拉图斯特

1. C. P. 蒂尔（C. P. Tiele）：《古代宗教史》（*Geschichte der Religion in Altertum*），第一卷，1903年，第250页。

2. 穆护提瑞达斯来找他了。他一直不愿意航行，因为要往海里吐唾沫，认为这违反自然，并非凡人的必需品，这是不对的。

3. 译者注：麻葛，又称穆护（Magi），是阿契美尼德、帕提亚和萨珊时期，所有西伊朗人唯一有记载的祭司称号。

4. J. H. 莫尔顿（J. H. Moulton）：《早期琐罗亚斯德教》（*Early Zoroastrianism*），伦敦，1912，第216页，脚注2，同时参见第419页。

拉（Zartushtra）的告诫中，详细讲述了琐罗亚斯德教每月的每一天的特殊节日，他说每个月的第十天，也就是所谓的阿凡日（Avan），“是为了在海上航行、灌溉、开凿运河、清洗水井、植树和播种谷物”[1]，巴列维文《阿尔达希尔履历》的记载，与上述说法类似，当阿尔达希尔·帕帕坎来到波斯湾，“目睹大海，他向上帝表示感谢，并把那地方命名为博克特·阿尔塔赫希尔城（Bokht Artakhshir），并下令在沿海地区建立阿塔什·瓦赫拉姆城（Atash-i Wahram）”[2]。根据普罗科匹厄斯（Procopius）的说法，公元540年，当努希尔万（Nushirwan）[3]到达地中海沿岸的塞琉西亚时，“他独自在海水中洗澡，在向太阳神和他所希望祈祷的其他神献祭并多次参拜之后，他回去了”[4]。此外，马兹达创造的属于凯扬帝国的荣耀，属于伊朗所有法定国王，属于皮什达人和萨珊人，“徘徊在瓦鲁-卡沙海的中间”[5]，“蒂尔尼亚弗朗格拉西亚人（Türánian Frangrasyan）试图在瓦鲁-卡沙海夺取它”[6]。我们不太清楚瓦鲁-卡沙海的海水是咸水还是淡水[7]，但由于波斯湾和地中海的海水是咸的，而且阿凡节明确建议航海，所以大海既不是恶神

1. D. F. 卡拉卡（D. F. Karaka）：《帕西人史》（*History of the Parsis*），第一卷，伦敦，1884年，第137页。

2. D. D. P. 桑贾纳（D. D. P. Sanjāna）译：《阿尔达希尔履历》（*Kārnāma-i-Artakhsher-i-Pāpakān*），第四卷，孟买，1896年，第7—8页。

3. 库思老一世。——译者注

4. 普罗科匹厄斯（Procopius）著，H. B. 丢盈（H. B. Dewing）译：《波斯战史》（*De Bello Persico*），第二卷，罗马，1914年，第351页。

5. 亚什特（*Yasht*）（V. 42）：*vazaiti maidhîm zrayangho Wouru-Kashahê*。

6. 参考亚什特（*Yasht*）（XIX.,56）。

7. 沃鲁-卡沙（Wouru-Kasha）显然是一个淡水湖，通过卡塔瓦埃察（Çatavaeça）湖与被称为普伊蒂卡（Puitika）的大盐湖相连。卡塔瓦埃察湖的强风阻止了普伊蒂卡的盐和固体元素进入清澈纯净的沃鲁-卡沙。见《论海洋的本质》（*On the nature of seas*），载于贾斯蒂（F. Justi）：*Der Bundehesh*，莱比锡，1868年，第15页。

阿里曼之海，琐罗亚斯德教也不反对海上活动。

现在，从宗教、历史到政治的证据来看，伊斯法罕的哈姆扎（Hamza）提出了他的见解，他认为，在公元961年，阿尔达希尔-帕帕坎建立了以下几个城市[1]：（一）瓦沙特·阿尔达希尔（Wahashat Ardashir）；（二）拉姆·阿尔达希尔（Ram Ardashir），也叫里沙赫尔（Rishahṛ）；（三）胡齐斯坦的拉姆·胡尔穆兹·阿尔达希尔（Ram Hurmuz Ardashir）；（四）巴德·阿尔达希尔（Bud Ardashir），位于摩苏尔；（五）巴赞·阿尔达希尔（Batn Ardashiryl），位于巴林；（六）杜贾尔的因沙·阿尔达希尔（Insha Ardashir），也叫卡尔赫·迈桑（Karkh Maisan）；（七）底格里斯河畔的巴赫曼·阿尔达希尔（Bahman Ardashir），又称巴赫曼希尔（Bahmanshir）；（八）阿尔达希尔·库拉（Ardashir Khurra），又名菲里扎巴德（Firizabad），距离设拉子约70英里；（九）位于霍尔木兹·阿尔达希尔（Hurmuz Ardashir）的两个邻近城市，一个是贵族居住的城市，叫做赫姆希尔（Hurmshir），另一个是商人居住的城市，叫做胡吉斯坦·瓦贾尔（Hujistan Wajar）；（十）最后是位于比哈·阿尔达希尔（Bih Ardashir）的两个截然不同的城市，一个在克尔曼，另一个则是帝国的首都之一，即马达因（Mada'in）。

在这些城市中，胡吉斯坦·瓦贾尔与卡伦河（River Karun）上的苏库·阿瓦士（Súqu'l-Ahwaz）相同；比哈·阿尔达希尔

1. 伊斯法罕的哈姆扎著，戈特瓦尔特（Gottwaldt）编译：《编年史》（*Annals*），莱比锡，1844年，第16—49页。

（维·阿尔达希尔）是塞琉西亚的复辟；瓦沙特·阿尔达希尔（瓦希斯塔巴德·阿尔达希尔）即乌布拉港[1]；因沙·阿尔达希尔（卡尔赫·迈桑）是巴士拉附近的乌布拉的姐妹镇；巴赫曼·阿尔达希尔，被巴士拉的人民把名字简化为巴赫曼希尔（Bahmanshir），也在巴士拉附近；拉姆·阿尔达希尔（里沙赫尔）在波斯湾沿岸，在今天的布尔沙赫（Büshahr）以南六英里处；巴赞·阿尔达希尔（比特·阿尔达希尔），在巴林岛（the Island of Bahrain）对面的赫特（Khatt）海岸上。

此外，《阿尔达希尔履历》一书中还提供了古扎兰（Guzaran）[2]、刺夷-伊-沙普尔（Ray-i-Shapür）[3]、阿尔塔赫什尔·加德曼（Artakhshir Gadman）[4]、拉米什纳-伊-阿尔塔赫什尔（Ramishna-i-Artakhshir）[5]和博克特·阿尔塔赫什尔（Bokht Artakhshir）等名字，其中第一个名字代表的地点是未确定的，第二个是君岱·沙普尔（Jundai Shapür），第三个是菲里扎巴德，第四个是拉姆·阿尔达希尔（里沙赫尔），第五个是一个位于波斯湾沿岸的城镇。最后，除了《史略》（*Tarikh-i-Guzida*）之外，《心之喜悦》（*Nuzhatu'l-Qulūb*）和其他作品都把与霍尔木兹岛隔海相望，位于大陆上的霍尔木兹镇的建立[6]，归功于阿尔达希尔-帕帕坎，贾丝蒂（Justi）甚至还将杜米·阿尔达希尔（Duhmi Ardashir）和达斯塔戈尔（Dastagird），又称爱斯基·巴格达

1. 弗尔德·贾斯蒂（Ferd. Justi）：《伊朗语言学纲要》（*Grundriss der iranischen Philologie*），斯特拉斯堡，1896—1904年，第517页。
2. 《阿尔达希尔履历》，第八卷，第16页。
3. 《阿尔达希尔履历》，第十卷，第17页。
4. 《阿尔达希尔履历》，第四卷，第17页。
5. 《阿尔达希尔履历》，第四卷，第6页。
6. 哈姆杜拉·穆斯塔菲著，G.le 斯特兰奇编译：《心之喜悦》，波斯文本，1915年，第141页。另见《伊斯兰百科全书》"霍尔木兹"词条。

（Eski Baghdad）的建立归功于他。[1]

因此，总共大约有18个城镇应该是由阿尔达希尔-帕帕坎建造或重建的，值得注意的事实是，其中多达11个是海港，因为它们要么本身就位于沿海地区，要么位于可通航船只的河流上。根据哈姆扎的说法，巴赞·阿尔达希尔（Batn Ardashir）就在巴林附近，得名于它的城墙，这些城墙是征服者把砖和阿拉伯人的身体砌在一起建成的，很明显，阿尔达希尔-帕帕坎的海上活动延伸到了波斯海岸之外，其不可告人的目标，是将波斯湾变成波斯的内湖。

帝国首都是泰西封（Ctesiphon），又名马达因，字面意思是城镇的集合。它由阿尔达希尔-帕帕坎在底格里斯河左岸、塞琉西亚废墟的对面建造，在后世的国王统治下，通过增加新城镇而发展起来，因此获得了这个统称。离古巴比伦不远的地方是希拉城（Hira），它是一个依附于萨珊帝国的阿拉伯国家首都。斯特拉吉（G. le Strange）说："希拉在萨珊人的统治下，成了一个伟大的城市。附近矗立着著名的阿斯-萨德尔（As-Sadir）和艾尔-哈瓦纳克（Al-Khawarnak）宫殿，后者是由希拉王子努曼（Nu'man）按照传统，为伟大的猎人巴赫拉姆·古尔国王（King Bahram Gur）建造的。哈瓦纳克宫殿及其宏伟的大厅，在早期穆斯林征服美索不达米亚，第一次占领希拉时，令他们大为惊讶。"[2]由于萨珊王朝的影响力如此之大，阿拉伯帝国的首都不可能削弱伊朗人的繁荣，因此直到伊斯兰教兴起时，泰西封仍然是东方贸易的首要中心。无论如何，有证据表明，直到努希尔万时代，泰西封甚至还没有到达巅峰，因为根据哈姆扎的说法，库巴德（Kubad，公

1. 弗尔德·贾斯蒂：《伊朗语言学纲要》，斯特拉斯堡，1896—1904年，第517页。
2. G. le 斯特兰奇（G. le Strange）：《东部哈里发国的土地》，剑桥，1905年，第75页。

元487—531年，即卡瓦德一世）在马达因附近建造了汉布尔镇（Hanbu），库思老一世（公元531—579年）建造了比赫-阿兹-安第夫-库思老城（Bih-az-Andiv-Khusraw），也可以说，是将"比安蒂奥赫-库思老（Antioch-Khusraw）更好"的城市加入了马达因。事实上，在波斯贸易中寻找阿拉伯元素，而不是阿拉伯的贸易中寻找波斯元素的日子，已经到来了。

但是贸易的控制权，尤其是波斯湾的海上贸易[1]，不是波斯不经斗争就获得的。在公元309年，霍尔木兹二世（Hormisdas II）国王去世之时，"他已成年的儿子们因为对希腊的同情，而被剥夺王位继承权。最终，王位交给了已故国王的遗腹子，这个孩子被穆贝德祭司（*Mobed*）宣布为男性"。穆贝德祭司的这一预言，事实证明是正确的，老国王的遗腹子以沙普尔二世（Shapur the second）的身份，登上波斯王位，阿拉伯历史学家称之为沙普尔·杜勒-阿克塔夫（Shapur Dhu 'l-aktaf），欧洲历史学家称之为沙普尔大帝（公元310—379年）。

沙普尔的年幼助长了阿拉伯人的侵略："从阿布杜勒-盖斯（Abdul-Qais）、巴林和卡齐马（Kazima），一支庞大的军队从海上侵入里沙赫尔港、阿尔达希尔·胡拉（Ardashir Khurra）和法尔斯的海岸，并掠夺了邻近的乡镇。"[2]困境就这样延续了一段时间，直到沙普尔长大成人，他发动反击，将入侵者赶出海岸（公元326

1. 写于7世纪中叶之前的《晋书》，记载了265—420年的历史。书中提到"安西（波斯）与天竺（印度）的居民通过海路与大秦（叙利亚）人贸易，贸易的利润有一百倍"。译者注：《晋书·大秦传》：安息、天竺与之交市于海中，其利百倍。见夏德（F. Hirth）：《中国与罗马东地》（*China and the Roman Orient*），莱比锡、慕尼黑，1885年，第45页。安西应指帕提亚帝国，但《晋书》写作时，帕提亚已不存在（已被阿尔达希尔-帕帕坎于226年灭亡），安西一词转而指代萨珊帝国。

2. 泰伯里（Ṭabarī）著，胡耶（De Goeje）编译：《泰伯里史》，第一卷，莱顿，1902年，第836页。

年）。“然后，”泰伯里说，“沙普尔和他的同伴一起渡海，在赫特下船，穿过巴林的土地，杀死了当地的居民……他径直来到哈贾尔（Hajar），屠杀了塔米姆（Tamim）、巴克尔·本·瓦伊尔（Bakr bin Wa'il）和阿布杜·盖斯（Abdu'l-Qais）的阿拉伯人。”[1]

叶麻麦（al-Yamamah）、麦地那（al-Madina）、巴克尔（Bakr）和塔赫里布（Taghlib）的命运也是如此[2]，由于他将被囚禁的阿拉伯人的肩膀刺穿，并用绳子穿过伤口把他们绑在一起[3]，沙普尔获得了“肩膀魔王”（Dhu 'l-aktif or “Lord of the Shoulders”）的称号。在1924年出版的《萨珊钱币》一书中，帕鲁克（F.D.J. Paruck）先生指出，“阿拉伯文里Zulaktaf在巴列维语中的表达方式还不清楚”[4]，但伊斯法罕的哈姆扎在他的《编年史》中说，“沙普尔，阿拉伯人称之为杜阿提夫，波斯人则称其为胡依赫·桑巴（هيوهابنس），这个短语由肩膀（هيوه）和穿孔（ابنس）两个单词构成”[5]。

阿拉伯人尽管被赶出波斯湾，在印度洋里的地位仍然是至高无上的，公元414年访问锡兰的法希安（Fa-hian）说：“萨波伊（塞巴）商人的房子装饰得非常漂亮。”[6]然而，从这一天开始，阿拉

1. 泰伯里著，胡耶编译：《泰伯里史》，第一卷，莱顿，1902年，第838—839页。
2. 泰伯里著，胡耶编译：《泰伯里史》，第一卷，莱顿，1902年，第839页。
3. 伊斯法罕的哈姆扎著，戈特瓦尔特编译：《编年史》，第52页。
4. 弗尔敦吉. D.J. 帕鲁克（F.D.J. Paruck）：《萨珊钱币》（*Sāsānian Coins*），孟买，1924年，第91页。
5. 伊斯法罕的哈姆扎著，戈特瓦尔特编译：《编年史》，第52页。
6. 比尔（Beal）：《西方世界的佛教》（*Buddhist Records of the Western World*），第一卷，伦敦，1906年。

伯人的衰落开始了，因为冒险家巴赫拉姆·古尔国王（巴赫拉姆五世，公元420—438年）隐姓埋名来到了印度[1]，据泰伯里说，他带着一个印度妻子[2]和来自黛布尔（Daibul）、马克兰、信德省邻近地区的丰厚嫁妆回来了。[3]罗林森教授断然否定了泰伯里这段记载的可靠性[4]，但帕鲁克先生却欣然接受了泰伯里的这一观点[5]，由于无法获得支持这两种观点的物证，因此我们决定最好还是折中地来看待这两种不同的观点。由于黛布尔是印度河河口一处富饶的海港，同时，马克兰和信德又都是海洋省份，关于泰伯里的记载，最合理的解释是马克兰到黛布尔港的沿海城市，被波斯人抓住了经济命脉。这一推论涉及波斯海上业务的扩展，可以通过随后的事件得到最充分的证明。因为在公元512年，波斯船只在遥远的锡兰港口，与东罗马商船展开了激烈竞争。

> 我们的一个同胞，一个叫索帕托斯（Sopatrus）的商人出了些事，他过去常常去印度出差，但据我们所知，他大概在三十五年前已经去世了。有一次，他因为商业上的事来到塔波班岛（锡兰），碰巧一艘来自波斯的船只与他同时进港。于是，同索帕托斯一起下船的阿杜利斯人上岸了，波斯人也上岸了，同他们在一起的是一个年老体衰的人。接下来，地

1. 米尔克万德（Mīrkhwānd）著，E. 雷哈特塞克（E. Rehatsek）译，F.F. 阿巴斯诺特（F.F. Arbuthnot）编：《纯洁花园》（*Rawḍatu'ṣ-ṣafā*），东方译丛基金新系列第一期，第一部，第一卷，伦敦，1892年，第360—362页。

2. 韦苏提婆（Vasudeva）的女儿，属于Maharajas Adhiraja王朝的摩揭陀（Magadha）和Kanawj。

3. 泰伯里著，胡耶编译：《泰伯里史》，第一卷，第868页。

4. 罗林森：《东方七大帝国》（*The Seventh Great Oriental Monarchy*），脚注2，伦敦，1876年，第426页。

5. 弗尔敦吉.D.J. 帕鲁克：《萨珊钱币》，孟买，1924年，第98页。

方上的首领和海关官员按照他们早已约定俗成的规矩接待了他们，把他们带到王面前。[1]

科斯马斯在公元547年写成了他的《基督教国家风土记》[2]，这段史料就是从这本书中获得的。因为索帕托斯在此时的三十五年前就航行到锡兰，因此关于萨珊波斯与锡兰最早的贸易记录是在公元512年。

卡瓦德一世此时统治着波斯，到了公元531年，登上波斯王位的乔斯罗斯·努希尔万（Chosroes Nushirwan，库思老一世）被证明是萨珊王朝最杰出的君主之一。他统治的领土北到黑海沿岸的拉齐察（Lazica），南达也门，如果我们相信后世的史学家泰伯里[3]、哈姆扎[4]和塔利比[5]的记载是准确的，那么库思老一世的统治甚至延伸到了萨兰迪布或锡兰岛。雷诺多（M. Reinaud）先生在

1. 科斯马斯·因迪科普琉斯泰斯（Cosmas Indicopleustes）著，J. W. 麦克林德尔（J.W. McCrindle）编译：《基督教国家风土记》（*The Christian Topography*），第十一卷，伦敦，1897年，第368页。同样，根据科斯马斯的观点（Bk. III., p. 118），在卡利亚那Calliana（今卡尔扬Kalyan，在孟买附近的大陆上）和迪奥斯科利斯岛Dioscoris（索科特拉Socotra）都有波斯主教："那里也有神职人员，在波斯任命并从波斯派遣到岛上任职，那里还有大量的基督徒。"

2. 科斯马斯·因迪科普琉斯泰斯著，J. W. 麦克林德尔编译：《基督教国家风土记》，第十一卷，伦敦，1897年，第10页。詹姆斯·坦南特（J. E. Tennent）在他的《锡兰》（*Ceylon*）一书（第一辑，第542页，第2条）中提到："科斯马斯写于公元545—550年间。"

3. 泰伯里著，胡耶编译：《泰伯里史》，第一卷，第965页。"在也门服从了基斯拉（Kisra）之后，他派他的一名指挥官率领一支强大的军队去了萨兰迪布，那里遍地珠宝，也是印度的附属国。波斯将军与萨兰迪布国王交战，杀死了他，并统治了这个岛屿。从那里他带着大量的财富和许多珠宝回到基斯拉。"

4. 伊斯法罕的哈姆扎著，戈特瓦尔特编译：《编年史》，第58页："在努希尔万的大征服中，他打开了萨兰迪布与君士坦丁堡的城门，扩展了也门的地盘。"

5. 塔利比（Ath-Tha'ālibī）著，H. 佐滕贝格（H. Zotenberg）编译：《波斯王朝史》（*Histoire des Rois des Perses*），巴黎，1900年，D. 615："他（Nüshirwan）的统治扩张到克什米尔和萨兰迪布。"

他的《阿博尔夫达地理》(*Géographie d'Aboulféda*)[1]和《印度备忘录》(*Memoire sur l'Inde*)[2]中，都认为锡兰被波斯舰队征服了，詹姆斯·坦南特爵士(Sir James Tennent)在他的《锡兰》中也持完全相同的观点[3]：

> 早在六世纪初，库思老一世统治下的波斯人在东方占据着显赫的地位，他们的船只时常出入于印度的港口，他们的舰队成功地对锡兰进行了远征，以帮助他们在那里定居的波斯同胞，解决一些他们在贸易上遇到的问题。

然而，罗林森教授对这一征服的合理性提出了质疑，他甚至怀疑库思老一世是否真的派出军队在印度进行了探险[4]，或者是否拥有任何一块印度的领土[5]：

> 在属于库思老一世的帝国行政区划中，最东部的省份似乎是呼罗珊、西斯坦和科尔曼。吉本(Gibbon)在此基础上补充了"喀布尔省和扎夫列斯坦省(Zavlestan)"，但他的理由似乎不太充分。

当时的目击者科斯马斯·因迪科普琉斯泰斯有这样的说法："那条流入波斯湾的印度河，也就是菲逊河(Phison)，是波斯和

---

1. 艾布·斐达(Abū'l-Fidā)著，雷诺多(M. Reinaud)编：《列国地域志》(*Géographie d A boulfeda*)，第一卷，巴黎，1848年。"阿拉伯和波斯历史学家告诉我们，努希尔万……派了一支舰队去锡兰，显然，波斯商人在那里受到了一些不公正的待遇。"
2. M. 赖瑙德(M. Reinaud)：《印度备忘录》(*Memoire sur l'Inde*)，巴黎，1849年，第125页。
3. 詹姆斯·坦南特：《锡兰》，第一卷，伦敦，1860年，第580页。
4. 罗林森：《东方七大帝国》，脚注2，伦敦，1876年，第426页。
5. 罗林森：《东方七大帝国》，伦敦，1876年，第427页。

印度的边界”[1]。在我看来，罗林森教授竟然忽略了这一条史料，这似乎很不寻常，因为他自由地查阅过《基督教国家风土记》。虽然根据这个说法可以肯定库思老一世统治下的帝国边界已经到达了印度河，但我们还是怀疑它曾经延伸到锡兰。后世的史学家泰伯里、哈姆扎和塔利比显然主观地将波斯对印度经济上的征服，转而理解成了波斯海军的胜利。

那么，科斯马斯·因迪科普琉斯泰斯和凯撒利亚的普罗科匹厄斯的证据是什么？前者说[2]：

> 岛上（锡兰）[3]还有一座由定居在那里的波斯基督徒建立的教堂，一位由波斯任命的长老和副长老，并拥有一套完整的举行宗教仪式的设施。由于该岛处于中心位置，来自印度各地、波斯和埃塞俄比亚的船只经常访问该岛，而且该岛也派出了许多本国船只远航他方。从最遥远的国度[4]，包括秦尼斯达（Tzinista）[5]及其他输出地，从那里我们获得丝绸、沉香、丁香、檀香木和其他因地而异的产品，这些产品又从该岛运往这一边的其他市场，比如产胡椒的没来国（Male），以及出口黄铜、胡麻木和布匹的卡利安那（Calliana），亦为一大贸易市场；贸易还到达出产麝香和蓖麻的信德（Sindu）[6]、波斯，以及我的母国和阿杜利斯。这个岛从我们提到的所有这些市

1. 科斯马斯·因迪科普琉斯泰斯著，J. W. 麦克林德尔编译：《基督教国家风土记》，第十一卷，伦敦，1897 年，第 337 页，英文译文第 366 页。
2. 科斯马斯·因迪科普琉斯泰斯著，J. W. 麦克林德尔编译：《基督教国家风土记》，第十一卷，第 337 页，英文译文第 365—366 页。
3. 希腊人称塔普罗巴奈岛。——译者注
4. “科摩罗角以内的国家，也就是它的东部。”
5. 即中国。——译者注
6. “可能是印度河河口的 Diul-Sind。”

镇进口货物，转而把它们输往更遥远的港口，同时该岛向两个方向出口自己的物产。

关于记述波斯在印度洋上进行贸易的另一位权威是凯撒利亚的普罗科匹厄斯，后人都知道他，除了因为他是查士丁尼时代（公元527—公元565年）的历史学家，还因为他是将贝利撒留（Belisarius）将军的伟大功绩记载下来的编年史家。他自己陈述："即使没有任何其他理由，他也一定会尽自己所能记录这些事件的历史，因为当他被任命为贝利撒留将军的顾问时，他的任务就是尽量记录下所有他目睹的事件。"他坚信"尽管聪慧适用于修辞，创新适用于诗歌，但只有真相适用于历史"。[1]

现在来看普罗科匹厄斯的证据：

当时埃西米帕修斯（Esimiphaeus）统治着希米叶尔（Homeritae），查士丁尼皇帝派了一位使者，朱里阿努斯（Julianus），他建议两国基于宗教信仰的原因，在反对波斯人的战争中，国王答应与罗马人结为同盟；他的目的，是推动埃塞俄比亚人通过从印度购买丝绸并在罗马人中间销售，不仅他们自己可能会获得丰厚的利润，同时也使罗马商人只能以一种方式获利。换个说法，即罗马人不必被迫向他们的对手波斯人支付金钱以换取丝绸。（这是他们习惯用来做衣服的丝绸，古希腊人称之为麦迪克［Medic］，但现在他们称之为塞

1. 普罗科匹厄斯著，H. B. 丢盈译：《波斯战史》，第一卷，伦敦、纽约，1914年，第5页。

里克［Seric］[1]）。至于希米叶尔，罗马寄望于他们建立凯苏斯（Caisus），任用亡命之徒做长官，越过马登尼（Maddeni），率领他们自己的军队和马登萨拉森（the Maddene Saracens）的大军入侵波斯的土地……那里的每一任国王，都向他们承诺会实施这一请求，虽然他们解雇了对方的大使，但这些国王都没有做到他们答应的事情。原因是埃塞俄比亚人不可能从印度人那里购买到丝绸，因为波斯商人总是自己在印度船只最先进入的港口（因为他们和印度毗邻）等候，并且习惯于垄断全部货物；对希米叶尔来说，穿越一个沙漠之国似乎已经是一件困难的事情了，因为这个沙漠之国绵延得如此之远，穿越那里就需要很长的时间。接着，他们还需要与一个比他们更好战的民族对抗，这简直是不可能完成的任务。[2]

普罗科匹厄斯没有提到印度的港口，但科斯马斯补充了他的遗漏：

印度最著名的商埠有：信德、奥尔霍萨（Orrhotha）[3]、卡利安那（Calliana）、西博尔（Sibor）[4]，然后是输出胡椒的没来国的五个商市：帕尔蒂（Parti）、芒格鲁瑟（Mangarouth）、萨罗帕塔纳（Salopatana）、纳罗帕塔纳

1. 也就是说，来自中国，也叫赛里斯（Seres）。中国被认为是南方海上交通线路的终点，或者是北方陆路的终点。在海上，称呼中国的名称有SIN、CHIN、SINA、CHINA，在陆路，中国被称为SERES，在中世纪被称为CATHAY。裕尔（Cf. Yule）：《东域纪程录丛》（*Cathay and the Way Thither*），伦敦，1915年，第一卷，第1页。

2. 普罗科匹厄斯著，H. B. 丢盈译：《波斯战史》，第一卷，伦敦、纽约，1914年，第193—194页。

3. 古吉拉特半岛西海岸的一个不明地点。

4. “Chaul或Chenwal，孟买南部23英里处的一个海港。”

(Nalopatana)、波多巴塔纳(Poudopatana)[1]。接下来赛勒第巴(Sielediba),即塔普罗巴奈岛(Taprobane);从印度大陆前往该岛须航行五天五夜;然后又是印度大陆,再往后行至非洲大陆便是马拉洛(Marallo),该市场输出贝壳,卡伯尔(Caber)[2]出口阿拉班迪奴姆(Alabandinum)[3],再远一点便是丁香国,此后是秦尼斯达(中国)[4],此国出产丝绸。[5]

在库思老一世统治时期,波斯人成功地对罗马帝国实行了丝绸禁运。

陆路贸易的控制权已经从帕提亚人转移到波斯人手中,西亚的突厥人[6]是丝绸和其他商品的承运人[7],他们试图通过与君士坦丁堡的商人建立直接联系来打破波斯的垄断。“马尼阿赫(Maniach)是粟特人的首领,他借此机会向迪扎布卢斯(Dizabulus,突厥的

1. McCrindle认为:“芒格鲁瑟(Mangarouth)是今印度芒格洛尔(Mangalor);萨罗帕塔纳(Salopatana)、纳罗帕塔纳(Nalopatana)、波多巴塔纳(Poudopatana)在芒格洛尔和卡里库特之间。Patana意为小镇。”

2. McCrindle认为:“位于特兰克巴尔(Tranquebar)以北一点的地方,在波杜-卡维里(新卡维里)河口。”

3. 疑为某种红宝石。——译者注

4. 与SIN相同,或者说明中国因海闻名于世。

5. 科斯马斯·因迪科普琉斯泰斯著,J. W. 麦克林德尔编译:《基督教国家风土记》,第十一卷,第337页。

6. 即西突厥。——译者注

7. 最有可能的是,波斯人自己在中国实际购买了货物(夏德提供了关于这一观点的重要证据,见*Ms. Sin. Berlin* I,文中提到中国允许外国商人将某些商品进口到中国市场),他们雇佣突厥人作为承运人。马丁·哈特曼(Martin Hartmann)关于中国的文章,见《伊斯兰百科全书》第839页。

一位伟大的可汗）[1]建议，应该建立与拜占庭帝国的友好关系，把丝绸卖给他们，这也是为了突厥人的利益，因为他们消耗的丝绸比任何其他民族都多。马尼阿赫补充说，为了推动突厥人和罗马人之间建立友好关系，他已经做好了陪同西突厥使者一行的准备”[2]。但是谈判被证明是徒劳的，只有在两位景教僧侣的努力下，从中国带来了藏在空心藤条里的蚕卵，才奠定了丝绸文化在罗马领土上建立的基础。[3]但这只是打破了波斯人对丝绸的垄断，而罗马帝国所不可或缺的其他珍贵商品[4]，在波斯的垄断下，还没能从东方转运而来。因为印度的港口已经被占领，也门现在将成为一个波斯殖民地。

希米叶尔人的衰落开始于基督教时代第五世纪开始后不久，在公元523年达到高潮。也门国王杜·努瓦（Dhú Nuwas）信奉犹太教，屠杀了约两万名纳贾兰基督教徒（Christians of Najran），迫使阿比西尼亚的基督教统治者代表他的教徒对此进行干预。他派遣了一支庞大的军队向也门进发，杜努瓦被摧毁，也门被吞并。但是事实证明，统治阶级的更迭是灾难性的，当一个阿比西尼亚暴君代替了另一个时，希米叶尔人绝望地转向杜·雅赞（Dhù Yazan）的儿子赛义夫（Saif），并授予他全权，让他向拜占庭帝国或波斯帝国寻求帮助。然而，拜占庭没有向他们提供

1. 即西突厥室点密可汗。——译者注

2. 参见裕尔的《东域纪程录丛》一书（第一卷，伦敦，1915年，第207页）。梅南德（Menander）大约在6世纪末繁荣起来。

3. “萨巴岛整整一年的香火都没有增加多少，因为尼禄皇帝在一天内烧毁了他的妻子波佩亚（Poppea）的尸体……当然，我们的快乐、我们的喜悦，和我们的女人在一起，对我们来说代价是如此高昂，以至于失去了一年的时间。但是来自印度、中国和阿拉伯的德米岛的珍珠、香水和丝绸，至少花费了我们一亿塞特斯，并且在我们帝国的范围内，以高价从我们这里拿走他们。但是在这一大堆香料和香水中，与葬礼上焚烧的相比，有多少是为天上的众神服务的。”

4. 普林尼著，P. 霍兰德译：《自然史》，第十二卷，伦敦，1601年，第371—372页。

任何帮助，而在马达因，波斯国王只给了他一件象征荣耀的袍服和一万迪拉姆的私人礼物。杜·雅赞把带来的金子一把把扔在国王的侍从中间，当他再度被国王召见要求解释这一切时，“我还能拿它怎么办?”他回答，“在我来的地方，那里的山只产金银。”库思老一世的贪婪被激起，他拘留了特使，并重新考虑了这件事。他的一个谋士说：“王啊，在你的监牢里，有人被你戴上脚镣，他们就要被你处死，你不能答应特使这些吗？如果这些罪犯战死了，那么你处死他们的目的就达到了；但如果他们占领了这个国家，那么您统治的范围又会扩张了。”

“这个方案巧妙地将帝国扩张与国内经济发展相结合，皇帝高兴极了，很快批准了这一方案。通过在监狱中的筛选，选拔出800名重罪犯，他们立即被编入一位名叫瓦赫里兹（Wahriz）的退休将军的指挥之下。这位老将军年纪实在太大了，以至于随着战事的进行，他的眼皮都要耷拉到眼角了，当他上战场的时候，眼皮必须被绑起来或者提起来。”[1]当杜·雅赞的儿子赛义夫看到远征军的军力时，他说：“就凭这几个人，能给众多阿比西尼亚人带来什么好处?”但波斯国王说道：“星星之火，可以燎原。”[2]杜·雅赞赶紧把话题转向本国国土上的金山银山，明智地避免了进一步地争论。

东方历史对远征军的军力记载并不一致：泰伯里记载，远征军有800人[3]，这一数字被哈姆扎提升到809人[4]，但在《文化智慧之书

1. 布朗尼（E. G. Browne）：《波斯文学史》（*A Literary History of Persia*），第一卷，伦敦，1908年，第179—180页。
2. 伊斯法罕的哈姆扎著，戈特瓦尔特编译：《编年史》，第59页。
3. 泰伯里著，胡耶编译：《泰伯里史》，第一卷，第953页。
4. 伊斯法罕的哈姆扎著，戈特瓦尔特编译：《编年史》，第59页。

（*Nihayatu'l-Irab*）》中，这一数字进一步提升至3600人。[1]尽管如此，所有权威史学家都同意，这次远征并非由陆地发起，而是从海上进行的。"有八艘船，"泰伯里写道，"每艘船上有一百人。他们出海了，八艘船中有两艘遇难；另外六艘安全抵达，出现在哈德拉毛海岸。"[2]

同样，哈姆扎也记载："他们乘坐八艘船航行，其中两艘遭遇海难，六艘抵达目的地。"[3]他补充说："大多数囚犯是萨珊、巴赫曼（Bahman）和伊本·伊斯凡迪亚（Ibn Isfandiyar）的后代。"[4]《文化智慧之书》中记载远征军共有七艘船[5]，但塔利比记载："瓦赫里兹在杜·雅赞的儿子赛义夫的陪同下，在乌布拉（Ubullah）[6]登上去也门的船。他们在波涛汹涌的海上航行，最终抵达哈德拉毛海岸。"[7]

可以看出，虽然历史学家在主要问题上意见一致，但在细节上记载略有不同，这些细微的差异是很有价值的，因为从这些差异中，可以构建出一个连贯的叙述。如泰伯里所述，有八艘船，一共八百人，每艘船上有一百人，由此推断，这些船必然是由犯人自己操纵的；但根据哈姆扎的说法（船上有809人），鉴于大多数罪犯是波斯人，因此大部分船只更可能是由波斯水手操纵的。塔利比把乌布拉作为上船的港口，这似乎是很自然的，因为乌布拉是离萨珊帝国首都泰西封最近的海港。登陆的港口三人均未具

1. 布朗尼（E. G. Browne）关于《文化智慧之书》的文章，见*J.R.A.S.*，1900年，第229页。
2. 泰伯里著，胡耶编译：《泰伯里史》，第一卷，第953页。"他命令他们上每艘船的战船，每艘船上有一百人。八艘船中两艘沉没，六艘被运到哈德拉毛海岸。"
3. 伊斯法罕的哈姆扎著，戈特瓦尔特编译：《编年史》，第59页。
4. 伊斯法罕的哈姆扎著，戈特瓦尔特编译：《编年史》，第59页。
5. 布朗尼关于《文化智慧之书》的文章，见*J.R.A.S.*，1900年，第229页。
6. 有学者认为即《新唐书·地理志》记载之乌剌国，今巴士拉附近。——译者注
7. 塔利比著，H. 佐滕贝格编译：《波斯王朝史》，巴黎，1900年，第617页。

体说明，但除了欧塞里斯港（Ocelis，位于红海出口），几乎不可能是其他任何港口[1]，普林尼认为，根据欧奈西克瑞塔斯[2]的权威说法，对抵达此地的印度船只来说，欧塞里斯港是停泊最方便的港口[3]，而在《厄立特里亚海环航记》中记载，欧塞里斯港是“航行到海湾的第一个登陆点”。此处的“海湾”一词，指的是亚丁湾。

但接下来的记录似乎认为，在瓦赫里兹登陆时，也门阿拉伯人的大量增援加入了瓦赫里兹的军队。他的两艘船在航行中沉没了，所有的人都在船上，剩下的六艘船如今都被烧毁了，粮草也被扔进了海里。军队的战士说：“你把手放在我们的食物上，然后竟然把它扔给了鱼！”瓦赫里兹反驳道：“如果你还活着，你就会主动捕鱼吃；但如果你死了，你就不会为食物的损失而烦恼了，食物还和你有什么关系呢?”

因此，在“破釜沉舟”之后，瓦赫里兹开始了战斗。阿比西尼亚国王马斯鲁克（Masruq）率军拍马而出，国王额头上闪耀着一颗巨大的红宝石，甚是耀眼。只见瓦赫里兹老将军精确瞄准，弯弓射箭，红宝石应声爆裂，鲜血随着碎裂的红宝石涌了出来，凝固在阿比西尼亚国王的额头上。这标志着波斯统治也门的开始。

波斯征服也门这一事件还没有确切的日期，鉴于它发生在库思老一世统治时期，因此一定是在公元579年库思老一世驾崩之

1. Glaser认为欧塞里斯港在谢赫·赛义德海角（Sheikh Said，北纬12°48'，东经43°28'）北侧的一个海湾内。

2. 译者注：欧奈西克瑞塔斯，希腊作家，他跟随亚历山大大帝东征，并写了一部关于亚历山大的传记，阿里安以及后世很多历史学家均经常引用欧奈西克瑞塔斯记载的史料。

3. 普林尼著，P. 霍兰德译：《自然史》，第六卷，伦敦，1601年，第3104页。

前[1]；因为它也发生在马斯鲁克统治时期，那一定是在公元570年以后。在这期间，先知穆罕默德出生，马斯鲁克的父亲亚伯拉罕和他的军队在麦加的城墙前被人以一种不可思议的方式杀害了。在亚伯拉罕和马斯鲁克之间，统治者是雅苏姆（Yaqsum），因此，正如布朗尼教授所说，也门一定是在库思老一世驾崩前不久被波斯征服的。

也门一直在波斯的统治之下，直到公元628年。"在那一年，也门波斯总督巴赞（Badhan）接受了库思老二世（库思老·帕尔维茨Khusraw Parwiz）的指示，以获取有关阿拉伯先知的信息。但在此之前，帕尔维茨已死，如今巴赞可以自由选择一个更适合的政权投靠，以保障他的人民的安全。因此，他很高兴地认识到伊斯兰教政权正在日益兴盛，并表示出他对先知的忠诚。"[2]

穆尔和布朗尼教授都认可巴赞是也门最后一任波斯总督这一观点。

布朗尼教授说：

> 也门变成了波斯的一个省，首先由征服者瓦赫里兹统治（他在世的几个年头，也门的实际统治者仍是赛义夫），之后，由他的儿子、孙子和曾孙统治，最后在穆罕默德时代由另一个家族的波斯人巴赞（Badhan）统治。即使在穆罕默德时代早期，我们也听到很多阿拉伯人称呼也门的波斯定居者为"贵族之子"。[3]

1. G. P. 拜格（G. P. Badger）在他《阿曼的伊玛目和塞义德》（*Imâms and Seyyids of 'Omân*）一书的简介（第11页）中写道："在瓦赫里兹的领导下，库思老·帕尔维茨向也门派遣了一支庞大的军队，他征服了该国。"
2. 缪尔（W. Muir）：《穆罕默德的一生》（*Life of Mohammad*），爱丁堡，1923年，第371页。
3. 布朗尼：《波斯文学史》，第一卷，伦敦，1908年，第181页。

而哈姆扎却给出了略有不同的版本：

> 也门王国的王位是在杜·雅赞的儿子赛义夫死后传给瓦赫里兹的；然后传给瓦里斯扎安（Walīsjān，واليسجان）；然后是哈扎丹·沙赫尔（Ḥarzādān Shahr，شهرحرزادان）；然后到阿尔努什扎安（Alnūshjān，النوشجان）；然后是马尔乌扎安（Marwzān，مروزان）；然后是他的儿子胡拉·库思老（Khurra Khusraw,خرخسرو）；然后是巴赞（Bādhān,باذان），萨珊·阿尔加伦（Sāsān Aljarūn，ساسانابالجرون）的儿子，他以库思老二世的名义统治也门……巴赞之后，霍尔木兹的儿子，弗鲁兹（Firuz）的孙子达都亚赫（Dādūya，داذويه）统治也门……也门被波斯人从希米叶尔人手中夺走后，这八个波斯人统治着也门；第一个是瓦赫里兹，最后一个是达都亚赫。古莱人（Quraish）从达都亚赫手中接管了也门王国。时至今日，这八名波斯人的后代仍散布在也门各地。[1]

以上是所有关于也门的相关信息。从航程的长度、船员的组成、舰队的规模、海军将领的年龄、进取心，以及对手的资源和实力来看，征服也门是萨珊帝国在印度洋上取得的最值得称赞的成就。八百名罪犯和一名退休的老将军被派遣到一望无际的大海上，九死一生，可他们却征服了一片自古以来只有航海家才能安居的土地[2]，一片连意志坚定的罗马皇帝[3]派遣的军队都没能征服的土地。波斯人不仅袭击了也门，还长期地征服了那里，他们保留

1. 伊斯法罕的哈姆扎著，戈特瓦尔特编译：《编年史》，第139页。
2. 威廉·文森特：《古代印度洋的航海与贸易》，第二卷，伦敦，1807年，第63页。
3. 斯特拉波："奥古斯都皇帝下定决心，要么让埃塞俄比亚人和阿拉伯人成为他的盟友，要么征服他们。"参见A. 斯普林格：《阿里乌斯的阿拉伯会战》，*J.R.A.S.*，1872年，第121—122页。

了也门作为自己的殖民地，直到他们的帝国崩溃。

由于非洲之角的地理位置位于希米叶尔人的聚居区，那里形成了一个希米叶尔人的政权，而且，由于萨珊航海家本质上是商人，所以也门的波斯总督面临将波斯的影响力扩展到非洲海岸上去的诱惑几乎是不可抗拒的。“毫无疑问，”皮尔斯教授认为，“波斯人或设拉子人，很早就来到了非洲东海岸，例如，斯图曼教授认为是在六世纪末，非洲从波斯引进了石头建筑、石灰，水泥生产技术、木雕，棉纺织技术。”[1]尽管如此，在也门建立一个波斯政权可能只会产生一个结果——印度和埃及之间的古代交通贸易权力转移到波斯手中。

有必要回顾一个事实，萨珊王朝同样消灭了波斯湾阿拉伯人经营的商业。事实上，沙普尔·杜勒-阿克塔夫（Shapur Dhu 'l-aktaf）[2]并没有向波斯湾南岸的阿拉伯人复仇，而是把巴林及其邻近地区变成了萨珊帝国不可分割的一部分。阿拉伯人被驱逐出境[3]，被波斯殖民者取代[4]，被征服的土地被置于马尔祖班（Marzubans），即“行军太守（Wardens of the Marches）”的管理之下。关于此事，去世于公元892年的拜拉祖里（al-

1. F. B. 皮尔斯：《桑给巴尔》，伦敦，1920年，第351页。
2. 沙普尔二世。——译者注
3. 泰伯里著，胡耶编译：《泰伯里史》，第一卷，第839页。
4. 拜拉祖里（al-Balādhurī）著，胡耶（De Goeje）编译：《各地的征服》（*Kitābu futūḥi 'l-buldān*），第78—80页、第85页。

Balādhurī）[1]提供了一些证据。

在先知穆罕默德时代，巴林省属于波斯王国[2]，巴林的居民，包括马吉安人（Magians）、犹太人、基督教徒[3]和阿卜杜勒·盖斯（Abdu'l-Qais）、巴克尔·瓦伊尔（Bakr b. Wa'il），以及塔米姆（Tamim）的阿拉伯人，都处于萨珊国王任命的马尔祖班穆迪尔·本·萨维（al-Mundhir bin Sawi）和阿布杜勒·拉·本·扎伊德（Abdu'lah bin Zaid）的双重统治之下。[4]甚至到了穆罕默德统治的第八年时，哈贾尔或巴林区域仍由一位名叫西博克特（Sibukht）的波斯马尔祖班统治[5]，而另一个波斯马尔祖班，尤沙什（Jushaish）的儿子弗鲁兹，坚守在扎拉（Zara），一直到乌玛地区的哈里发统治时期。[6]此后的乌玛并不缺乏波斯人，因为根据拜拉祖里的说法，先知命令阿布·扎伊德接受穆斯林的救济，并从马吉安人那里收取人头税。[7]因此，在6世纪末，波斯湾和阿拉伯海完全是波斯的，连接东西方世界的海上和陆地贸易路线只能通过伟大的波斯国王的领土。

这就是迄今为止发现的记录这段历史的书面证据。但是书面记录并非历史的唯一来源，而且有文献学的证据表明，萨珊航海远远超出锡兰和希米叶尔人居住的边界，一直向东延伸到苏门答

1. 拜拉祖里，九世纪的知名波斯历史学者。长期旅行于伊拉克、巴格达等地，在当时的穆斯林王朝颇具影响力，身后所留下著作今仍多被研究该年代的中东历史所引用参考。——译者注
2. 拜拉祖里著，胡耶编译：《各地的征服》，第78页。“据说巴林是波斯王国的一部分。”
3. 拜拉祖里著，胡耶编译：《各地的征服》，第78页。“那片土地上有马吉安人、犹太人与基督教徒。”
4. 拜拉祖里著，胡耶编译：《各地的征服》，第78页。
5. 拜拉祖里著，胡耶编译：《各地的征服》，第78页。“马祖尔班西博克特统治。”
6. 拜拉祖里著，胡耶编译：《各地的征服》，第85页。“据说他设置了多重的波斯堡垒以防御……他的名字叫做伟大的尤沙什之子弗鲁兹。”
7. 拜拉祖里著，胡耶编译：《各地的征服》，第77页。“上帝的使者撒母耳说，阿布·扎伊德从穆斯林那得到布施，从马吉安人这得到贡税。”

腊和中国的港口。加布里埃尔·费琅先生（M. Gabriel Ferrand）的勤勉工作，使这一证据完整准确，毋庸置疑。

> 我认为阿拉伯人在波斯湾港口和远东之间海上关系的建立和发展中所扮演的角色，被大大夸大了。似乎最有可能的是，他们只是沿着波斯人开辟的路线前进，他们从波斯人那里借用了船主“nākhudhā(اذخان)”[1]这个有意义的词，这个词以同样的正字法和同样的意思，进入到阿拉伯语中。根据伊本·胡尔达兹比赫（Ibn Khurdādhbih）的说法，“Baghbūr（روبغب）”，或根据马苏第[2]和艾布·斐达（Abū'lfidā）的说法，“Faghfūr（روفغف）”，用于描述中国皇帝，无非是阿拉伯文形式的波斯巴格布尔神（Baghpūr），即上天的儿子，翻译过来的中文写法是“天子”。阿拉伯语文本中使用的地名如下：Dībajāt（تاجبيد），拉卡迪夫和马尔代夫的通称[3]；胡什纳米（يمانشخ），安达曼群岛一座山的名字[4]；Ṣundur fūlāt（تالوفردنص）、Poulo Condore[5]，都来自波斯地名。
>
> Dibajat（تاجبيد）=dība，派生词有斯歌儿岛（Skr. Dwīpa），巴厘岛（Pāli dīpa），dīpa的意思是岛，+波斯语

1. اذخ（主人）+وان或موان（船）。
2. 马苏第（Masūdī）著，梅纳德（B. de Meynard）编：《黄金草原》（*Murūju'dh-Dhahab*），巴黎，1864年，第一卷，第306页。
3. 苏莱曼（Sulaimān）：《苏莱曼东游记》（*Silsilatu 't-Tawārīkh*），见雷诺多（M. Reinaud）：《航海交流史》（*Relation des Voyages*），第二卷，巴黎，1845年，第7页。“他们称它为‘Dibajat（تاجبيد）’。”
4. 苏莱曼：《苏莱曼东游记》，见雷诺多：《航海交流史》，第二卷，巴黎，1845年，第11页。“这是一座被称为胡什纳米的山。”
5. 苏莱曼：《苏莱曼东游记》，见雷诺多：《航海交流史》，第二卷，巴黎，1845年，第20页。“穿越淡水而至的地方，他们管它叫做Sundur fulat（تالوفردنص）。”

复数后缀-jat，该词的字面意思是岛屿。Khushnāmī(خوشنامی)是波斯语khush（خوش，合意）和nāma（نامه，名字）组合而成的一个民族术语；字面意思是指有合适的名字（的大山），或一个有好兆头的名字。Fūlāt（فولات）是来源于fūl（فول）的合成词，Malay pūlo或pūlaw，island+复数的波斯后缀。Ṣundurl-fūlāt的意思是南瓜岛，但是阿拉伯人不知道fūlāt的意思，或者已经失去了最初的意思，所以把这个有争议的岛屿叫做jasira-i-sundur filat，字面意思是南瓜岛。

肉桂在阿拉伯语中叫做达尔西尼（dār ṣīnā，دارصيني）；dār（دار）是一个波斯语单词，意思是木头；它其实是一种中国的木头，即来自中国的木材。波斯语中的jūz（جوز），即胡桃、坚果，出现在远东和印度的几种水果的清单上，阿拉伯作家这样描述它们，例如jūz buwā（جوزبوا），肉豆蔻，根据迭戈·德·克特（Diogo de Couto）的说法，肉豆蔻通常被称为jūzibandā，=jūz-i-Bandā，字面意思是来自邦达（位于今印度尼西亚）的坚果。同样，jūzu'l Hind（جوزالهند）字面意义是印度的坚果，意思是椰子。在四世纪到七世纪初的中国史料中，所有来自印度支那、锡兰、印度、阿拉伯和非洲东海岸产品，均被称为“波斯的产品”，也就是说，是波斯人将大多数原产于不同国家的商品，贸易至中国。[1]阿拉伯人将东非及住在那里的尼格罗人称为zang或zangi[2]，这是从波斯

1. 夏德（F. Hirth）、柔克义（W. W. Rockhill）：《赵汝适及十二、十三世纪的中国与阿拉伯贸易（诸蕃志）》，圣彼得堡，1911年，第7—8页。

2. 尸罗夫的的阿布·扎伊德·哈桑（Abū Zaid al-Ḥasan of Sīrāf）：《中国印度见闻录续编》（*Silsilatu't-Tawārīkh*），见雷诺多（M. Reinaud）：《航海交流史》（*Relation des Voyages*），第二卷，巴黎，1845年，第131页。

语的词语 زنك(zang)、زنگى(Zangī) 借来的。最后要说的是，中国人将阿拉伯称作大食，不外乎是因为波斯语的词语 تازي (Tāzī) 或 تاجيك (Tājīk)；在更早些的时候，波斯人自己也用这个名字称呼阿拉伯人，因此，是波斯人让阿拉伯人在中国以同样的名字为人所知。[1]

在这一特定时期，我们没有任何证据证明当时阿拉伯船只驶往中国。因此，我们完全有理由相信，九世纪以前的航行完全是由波斯水手进行的，波斯人是阿拉伯人与远东地区贸易的发起者。[2]不幸的是，有关这些航行的波斯人的记载，我们一个都不知道。[3]

除了这些详尽的信息，我们在这里还必须加上一个词：阿拉伯语的 بوص(音 būṣ) 或 بوصي(音 būṣī)，是波斯语的 بوزي(būzī)，意为船。《珍宝词典》(*Tāju 'l-Arūs*) 中记载 بوصي 是一种船，一个阿拉伯化的单词。贾瓦里（Jawharī）曾用过这个词，并引用了《阿沙》(*A'shā*) 中的一段话作为佐证："就像幼发拉底河的水，汹涌澎湃时，会把船（بوصي）和游泳的人打翻。"还有人说："就像底格里斯河上航行的一艘船（بوصي）的船尾。"[4]

1. 裕尔：《东域纪程录丛》，第一卷，伦敦，1915年，第88页。"阿拉伯人以大食之名见称于中国人（"大食"不过是波斯字Tazi或Tajik的音译）；中国人通过波斯人知道阿拉伯人，这一事实似乎说明波斯人先于阿拉伯人旅行到中国。"但这也不能说明波斯人交通的主要路线是海路。

2. 根据柬埔寨一条有趣的关于Tjams的记载，见德拉波特（Delaporte）：《柬埔寨航游记》（*Voyage au Cambodge*），巴黎，1880年，第417页："努希尔万（Nao Savan），一位神一般的年轻人，Tjams的第一任国王，是世俗书籍中仍然在使用的字母的发明者。"

3. 加里布埃尔·费琅（Gabriel Ferrand）：《阿拉伯波斯突厥人远东文献辑注》（*Relations de Voyages et Textes Géographiques, Arabes, Persans et Turks, relatifs à l' Eatréme-Orient, du VIII au XVIII siècles*），引言，巴黎，1913年，第1—3页。

4. 诗人塔拉法（the poet Tarafah）：《七悬诗》（*Sab'al-Mu'allaqat*）。

阿布·乌拜德（Abū ‘Ubaid）使用了būṣī这个词表示“船”；但是伊本·西达（Ibn Sīdah）批判了这种用法，他认为在文中使用这个词是不正确的。有些人认为busi的意思是水手；并认为这一意义来源于（前文中）《阿沙》一书中的对偶句。阿布·阿米尔（Abū ‘Amr，又名ibnu ’l-‘Alā’）认为busi的意思是船，而不是水手。在波斯语中，船这个词是بوزي（būzī）。[1]

然而，这个词的价值并不仅仅在于它的起源。它被塔拉法（Tarafah）使用过，塔拉法死于伊斯兰教兴起之前的公元564年[2]，代表前穆罕默德时代波斯船只就已经存在；这一词语被从未做过水手的塔拉法在书中使用，表明了这些船只在当时的社会中声名远播。因此，像《珍宝词典》中说的那样，贾瓦里奇（Jawaliqi）的《非阿拉伯语中的非阿拉伯名字》（al-Mu’arrab min Kalami’l-ajam）将busi定义为一艘或小舟，而不将之解释为一艘船：“Busi是一种船，在波斯语中叫做buzi；阿拉伯人在很久以前就用过这个词。”[3]

---

1. 《珍宝词典》（*Tāju ’l-Arūs*），Bus词条：

[برعم نفسل برض مضلاب ىصوبلا و] دشئا و يرموجلا قلقن

رهامل و يروبلاب فذقي　　امطام اذا يتارفلا لثمريغ لاق و

دعصم هلجدب يصوب نالكسك

ىف نيلوقلا دحأ وه و حالملا ًىصوبلا ليق و اطخ وه و هديس نبا لاق قروزلاب هنع ديبع وبأ ربع و قول الأعشى و لاق أبو عمم و البوصى الزورق و ليس بالملاح و هو بالفارسيه

2. 《基督教诗人》（*Vide Shu’arā’ u ’n-Naṣrānīyah*），第307页。

3. 写于6世纪初，萨豪（Sachau）编译，莱比锡，1867年，第23页。“Busi（بوصىً）是一种船，它古时便已被使用，在波斯语中被称为Buzi（بوزيً）。”

让我们继续探讨。除了“大食”[1]一词，费琅先生所提出的其他语言材料没有遭到质疑，但是他接受了夏德（Hirth）和柔克义（Rockhill）的观点，即“从四世纪末到七世纪初，印度支那、锡兰、印度、阿拉伯和非洲东海岸的所有产品都被称为‘波斯的产品’，即来自波斯的商品”，这一观点遭到了贝特霍尔德·劳费尔（Mr. Berthold Laufer）先生的严厉批评，他指出，除了伊朗的波斯商品，中国人也熟悉马来亚的所谓“波斯商品”，由于几个原因，这里的波斯指的不是真正的波斯。

因为《证类本草》中引用的《广州志》（写于公元265—420年的晋代）中记载，金线矾产于波斯[2]；第二，因为《本草纲目》中引用的《古今注》（作者崔豹，著于公元4世纪）说，乌文木是用波斯船运到中国的。[3]显然，这条史料中的“波斯”显然不是今天我们认为的波斯，一方面，因为明矾和乌文木都不是波斯原产的东西，另一方面，中国人自己在公元461年之前，也即第一个波斯使者到达中国北魏时期的皇宫以前，对真正位于伊朗的波斯完全不了解。同样，《酉阳杂俎》中说紫（铆）树产于真腊国和“波斯”，

1. A. H. 基恩（A. H. Keane）：《亚细亚》（*Asia*），第一卷，伦敦，1909年，第490页。“西伊朗人，或波斯人本身，在整个中亚各地都被称为塔吉克人，在西伊朗地区被称为塔特人（Tats），可能是同一个词的缩写。”“塔吉克*Tājīk*是阿拉米语*Ṭaiyāyē*在波斯中部的写法，恰当地说是‘泰（Ṭai）部落的阿拉伯人’。”这种意义上的变化是基于这样一个事实，即一旦穆罕默德-泰阿拉伯人被一群波斯人视为阿拉伯世界的代表，他们的名字就扩展到所有阿拉伯人，从而代表了“阿拉伯”或穆斯林……D'Ollone从唐代以“大食”代表穆斯林，以及辽金时期以“回鹘”代表穆斯林的事实中得出结论；但是这仅仅表明了他们对来自西方的穆斯林的了解，并不能证明他们是穆斯林移民。马丁·哈特曼关于中国的文章，载于《伊斯兰百科全书》。另见格里尼：《托勒密东亚地理研究》，伦敦，1909年。

2. 贝特霍尔德·劳费尔（Mr. Berthold Laufer）：《中国伊朗编》（*Sino-Iranica*），芝加哥，1919年，第475页。

3. 贝特霍尔德·劳费尔：《中国伊朗编》，芝加哥，1919年，第485页。译者注：《古今注》云：乌文木出波斯，舶上将来。

波斯使节同意真腊使节的意见，认同产于昆仑的紫（铆）优于波斯紫（铆）。[1]如今，劳费尔从紫（铆）在波斯不存在、波斯和真腊特使一同到来，以及波斯对马来亚昆仑对立等几个角度来论证，证明这里所谓的“波斯”不可能是我们认为的真正的波斯。

劳费尔先生解释说，类似的案例，比如《酉阳杂俎》中，将樟脑（龙脑香）作为波斯特产[2]，夏德把波斯当做伊朗波斯，将“龙脑香出波斯国”解释为由波斯船只运到中国[3]，唐代的李珣记载芦荟原产于波斯国，宋代时，苏颂提到芦荟由海路被运到广州[4]，《北户录》（约公元875年，段公路著）中提到的野生胡桃，被波斯人采而食之[5]，最后，包括补骨脂（Psoralea corylifolia），一种漆树上出产的染料，还有唐朝苏恭记录的波斯胡椒[6]，以及徐表《南州记》（著于公元5世纪之前）[7]中提到的波斯没药，所有这些药物都是马来亚波斯的物产。因此，劳费尔说：“我完全不同意希尔和柔克义的观点……这是一个很可笑的概括，是由于误解‘波斯’这一词以及误解《魏书》和《隋书》里关于波斯的文章而引起的。后者根本没有提到波斯商品向中国输入的事情，它只提供一个叙述波

1. 贝特霍尔德·劳费尔：《中国伊朗编》，芝加哥，1919年，第476—477页。译者注：紫（铆）树，出真腊国，真腊国呼为勒佉。亦出波斯国。树长一丈，枝条郁茂，叶似橘，经冬而凋，三月开花，白色，不结子。天大雾露及雨沾濡，其树枝条即出紫（铆）。波斯国使乌海及沙利深所说并同。真腊国使折冲都尉沙门施沙尼拔陀言，蚁运土于树端作窠，蚁壤得雨露凝结而成紫（铆）。昆仑国者善，波斯国者次之。

2. 龙脑香树，出婆利国，婆利呼为固不婆律。亦出波斯国。树高八九丈，大可六七围，叶圆而背白，无花实。其树有肥有瘦，瘦者有婆律膏香。一曰瘦者出龙脑香，肥者出婆律膏也。在木心，中断其树劈取之。膏于树端流出，斫树作坎而承之。入药用，别有法。——译者注

3. 贝特霍尔德·劳费尔：《中国伊朗编》，芝加哥，1919年，第478—479页。

4. 贝特霍尔德·劳费尔：《中国伊朗编》，芝加哥，1919年，第480页。今惟广州有来者。译者注：其木生山野中，滴脂泪而成，采之不拘时月。

5. 贝特霍尔德·劳费尔：《中国伊朗编》，芝加哥，1919年，第479页。

6. 贝特霍尔德·劳费尔：《中国伊朗编》，芝加哥，1919年，第479页。

7. 贝特霍尔德·劳费尔：《中国伊朗编》，芝加哥，1919年，第460页。

斯产品的名单。”

另一方面，劳费尔自己的推理也并非完全正确。第一，其实夏德和柔克义自己也意识到波斯这个词是有歧义的：“文中的波斯及波斯人，应该是内格里托人（Negritos）的一个国家或部落，该地可能位于苏门答腊。”

第二，因为《广州志》和《古今注》是在公元4世纪末之前写成的，因此被夏德和柔克义有所保留：“在从四世纪末到七世纪初的（中国）历代王朝史书中，我们发现印度支那、锡兰、印度、阿拉伯和非洲东海岸的几乎所有产品都被归类为波斯产品，大多数将这些各国货物带到中国的人，是波斯商人。”

最后，因为夏德和柔克义的低姿态，他们把自己的结论修改如下：

> 在写于572年之前的《魏书》卷一百二里，记载了从385年到556年之间的波斯历史，其中提到的波斯产品，有珊瑚、琥珀、马脑（玛瑙）、真珠（珍珠）、颇梨、琉璃（透明和不透明的玻璃）、水精（水晶）、钻石（金刚石）、镔铁、朱砂、水银，薰陆（乳香）、郁金（姜黄）、苏合、青木等香，绫、锦、叠、毼、氍毹，胡椒、毕拔（一种胡椒）、千年枣（椰枣）、诃梨勒、无食子、香附子。《隋书》卷八十三，讲述了从581年到617年这段时期的历史事件，该书肯定是在650年之前写成，基本再现了《魏书》中列出的波斯产品，并添加了金、银、鍮石、铅[1]、檀香木、各种纸、石蜜和靛蓝。[2]当然，其中大多数产品来自印度或东南亚国家，只有少数是原产于

1. 其实并未出现。——译者注
2. 举的例子，多数《魏书》都有。——译者注

阿拉伯或波斯湾沿岸国家的产品。

因此，在他们截然相反的热情驱使下，贝特霍尔德·劳费尔先生和加布里埃尔·费琅先生都忽略了确定性之间的区别：“来自波斯的产品，指的是把这些产品带到中国的，大多数是来自波斯的商人们。”也可能是这样：“波斯的产品，似乎应该理解为波斯人带来或因为波斯才让中国知道的产品。”

让我们回到文献提供的证据上来。加布里埃尔·费琅先生最近发表在《亚细亚学报》上的一篇文章中指出[1]，阿拉伯罗盘上的波斯元素相当可观。بطقهاجلا（北方）中的جاه这个词，是波斯语的گاه，علطمريتا（东南偏东）中的ريت，或بيغمريتا中的ريت，是波斯语中的ريت（波斯太阳年的第四个月，水星）；在علطمرابلسا和بيغمرابلسا中的رابلس，其波斯语的原意是رابرس（用头承载着重物），在阿拉伯语中，也是نزو（半人马）的同义词。波斯语的رابرس变成了阿拉伯语中的رابلس，就像波斯语中的هراپرچ（钹）变成了阿拉伯语的هرابلج一样。此外，在علطمرياطا（东方）或بيغمرياطا（西方）中的رياط词，也被称为ايرانها，根据赫思教授（Prof. J.J. Hess）的说法，应该理解为ايزانها，来自波斯语هیزان。最后，阿拉伯语نَخ，即指南针指向的一个点，是波斯语خانه的缩写，但在现代波斯语中，长“啊——”音被缩短为几个单词。

这些术语，不仅仅是被词典编纂者感兴趣。它们有更广泛的含义，应该被历史学家们铭记……若非借鉴波斯罗盘，

1. 加布里埃尔·费琅（Gabriel Ferrand）：《阿拉伯航海文献中的波斯元素》（*L' élément Persan dans les Textes Nautigues Arabes*），《亚细亚学报》（*Journal Asiatique*），1924年，4–6月辑，第193—257页。

很难解释阿拉伯罗盘名称中为何使用三个和波斯罗盘完全一样的点，即ريت（提尔tir）、ﻩاگ（加赫gah）、رابلس（萨尔巴salbar）。在我看来，把这些点的波斯名称当成唯一保存下来的波斯因素可能是更好的解释，这可能是因为阿拉伯人修改了波斯罗盘的大多数名称，而不是因为阿拉伯罗盘早就存在，罗盘上有一组阿拉伯名字，其中一些点引入了一些源于波斯语的名称。第二个猜想远不如第一个猜想更有可能。此外，航海中常用的阿拉伯语خنّ的词源同样也是具有决定性的证据，该词指的是指南针的一个点，对应于波斯语خان，这可能是更确凿的证据。

这些借词大部分都有一个共同特点。像zang和baghbur这样的地理名词或外交术语被阿拉伯人采用，因为这些词在波斯人到达之后就已经开始使用，在阿拉伯人到达非洲东海岸和远东的时候就已经广为流传。这并不是因为包罗万象的阿拉伯语对这些术语一无所知，也不是因为没有创造相应的术语与之对应……خنّ（khann）可能被翻译成بيت诱饵；بطق ﻩاجلا（qutbu'l-jah）也有阿拉伯语名称بطق يلامشلا（qutbu 'sh-shimali）；罗盘上（其他）某些点的名字很可能是阿拉伯语，而非波斯语。[1]

在根据确凿的事实提出如此有力的理由之后，费琅没有必要进行价值可疑的消极推理。根据伊本·赫勒敦（Ibn Khaldun）的陈述，即“在穆斯林中脱颖而出的学识渊博者中的大多数，都是外国人，早几个世纪的穆斯林对科学和艺术完全无知，因为他们

1. 加布里埃尔·费琅：《阿拉伯航海文献中的波斯元素》，《亚细亚学报》，1924年，4–6月辑，第244页。

愚蠢、粗鲁的文明是在沙漠中发展起来的”[1]，据此得出的推论是“一个由愚蠢、粗鲁的文明形成的国家，其人民没有条件将天文学应用于航海，也没有能力长途航行到中国和马来亚半岛”[2]。然而，在前伊斯兰时代，沙漠中的阿拉伯人和沿海地区的阿拉伯人有着本质的区别——前者是一个强盗，是一个废柴流浪汉；后者是天生的水手，一个伟大古老文明的继承人。[3]近一千年来，如果不承认阿拉伯商人一直都在尝试驾驭滔天巨浪，从而使印度洋变得熟悉又安全，那么衡量萨珊人航行的价值将出现严重的错误。为什么这次航行在锡兰突然终止，又是为什么使得萨珊人推进到中国，阿拉伯竞争者还没有对此展开调查，不管真相如何，费琅给出的理由显然是不可接受的。因为塞巴阿拉伯人既不粗鲁也不愚蠢，他们的王国是托勒密人和罗马人羡慕的对象。

与此同时，波斯在陆地上的势力也增加了，公元540年，库思老一世洗劫了安提阿（Antioch），在地中海的海水中尽情沐浴享受。此后不久，在公元540—541年的冬天，特使们从黑海畔的省份拉齐察（Lazica）来到这里[4]，请求库思老一世的帮助，反对罗马人的暴政，“在波斯帝国里，陛下的版图内将会增加一个最古老的王国，”他们说，“因此，此举将会扩大陛下的影响力，您将会

1. 伊本·赫勒敦（Ibn Khaldūn）著，德·斯莱恩（de Slane）译：《历史绪论》（*Prolegomena*），第三卷，1868年，第296—297页。

2. 加布里埃尔·费琅：《阿拉伯航海文献中的波斯元素》，《亚细亚学报》，1924年，4–6月辑，第247页。

3. 威廉·文森特：《古代印度洋的航海与贸易》，第二卷，伦敦，1807年，第480页。

4. 古代的Colchis，今Mingrelia和Imeritia。

凭借占据我们的土地，在这本属于罗马人的海洋中拥有一席之地，王啊，您在黑海上造船以后，就可以毫不费力地踏进拜占庭的宫殿了。另外补充一点，如果您兼并拉齐察，蛮族每年对罗马的掠夺，将在我们的控制之下。因为陛下肯定知道，迄今为止，拉齐察的土地一直是抵御来自高加索山脉方向入侵的堡垒！”[1]库思老一世同意了特使的请求，拉齐察成为波斯领土。

然而，几年之内，库思老一世逐渐意识到，驱逐拉齐察人和拉齐察国王是永久吞并那里的必要条件。“最重要的是，他希望征服拉齐察会给波斯人带来一种优势，从那里出发，他们可以在没有人反对的情况下，不费吹灰之力地从陆地和海洋上占领黑海，从而赢得卡帕多西亚人、迦拉太人和毗邻他们的比提尼亚人的支持，并通过突然袭击占领拜占庭。因此，库思老急于获得拉齐察的所有权。”[2]

正如库思老一世所希望的那样，他采取了行动。

> 他对拉齐察采取的第一步动作是这样的。他向该国运送了大量木材，这些木材适合建造船只，他没有向任何人解释他这样做的目的，表面上他是为了在佩特拉的防御工事上建造战争设施。接下来，他挑选了三百名能干的波斯战士，派他们在费布里祖斯（Phabrizus）的指挥下潜入拉齐察，库思老命令他尽可能秘密地除掉古巴兹（Goubazes，拉齐察国王）；至于其余的善后工作，他自己会处理。然而，当这些木材被运到拉齐察时，碰巧被闪电突然击中，化为灰烬。[3]

1. 普罗科匹厄斯著，H. B. 丢盈译：《波斯战史》，第二卷，伦敦、纽约，1914年，第395页。
2. 普罗科匹厄斯著，H. B. 丢盈译：《波斯战史》，第二卷，伦敦、纽约，1914年，第521页。
3. 普罗科匹厄斯著，H. B. 丢盈译：《波斯战史》，第二卷，伦敦、纽约，1914年，第529页。

费布里祖斯彻底失败了，拉齐察承担了相对较小的代价，再次成为罗马的保护国，库思老一世，在连续征战了九年（公元549—557年）后，被迫休战，甚至放弃了对拉齐察的领土要求，取而代之获得的是每年三万块黄金的岁币。公元562年，拉齐察战争就这样结束了。

库思老一世未能在费西斯（Phasis）河口建造一个海军基地，也未能开通黑海的航运，这使得萨珊波斯在欧洲的扩张永远不可能进行了。埃及于公元616年被沙赫-巴茨（Shahr-Barz）征服，公元617年，迦勒西顿（Chalcedon）在沙欣之前陷落。但是拉齐察的损失仍然是不可挽回的。因为罗马人，虽然被禁锢、束缚、限制，但仍然掌握着制海权；波斯人虽然占领了迦勒西顿十年，但由于航运运力奇缺，波斯人眼睁睁地看着罗马海军蹂躏他们的领土，却束手无策。公元622年，赫拉克里乌斯（Heraclius）从拜占庭起航，穿过爱琴海，在伊苏斯（Issus）登陆，公元623年，他从拜占庭起航，穿过黑海，在拉齐察登陆，两次航行都没有受到干扰，两次航行的结果都反映出波斯海军的失败和分散。虽然库思老二世继续控制着埃及、叙利亚和小亚细亚，但赫拉克里乌斯肆无忌惮地掠夺了波斯的领土，从乌鲁米耶一路掠夺到西里西亚（公元624—625年）。

> 库思老二世现在被逼到绝望的境地，与阿瓦尔人的可汗结成联盟，恳求他们进攻帝国首都。不过，尽管阿瓦尔人投资拜占庭，波斯人仍然留在卡尔西顿（Chalcedon）。事实证明，卡尔西顿和金角之间的狭窄通道是一个不可逾越的障碍；波斯人没有船只，斯拉夫人的独木舟完全无法与拜占庭人强大的战舰抗衡，因此通过他们的帮助将波斯军队从亚洲运送

到欧洲，显然是不切实际的。沙赫-巴茨愤怒地目睹了他的盟友的努力和失败，却没有权力采取任何积极的措施来帮助一方或阻止另一方。[1]

因此，萨珊帝国的舰队在地中海航行的记录，仅限于在公元626年一次孤独地穿越博斯普鲁斯海峡的尝试，萨珊王朝唯一控制过的欧洲领土，是罗德岛（the Island of Rhodes）。公元620年，罗德岛的统治者因惧怕沙欣和沙赫-巴茨军队的攻击，向萨珊自愿献土归降。[2]反观波斯阿契美尼德王朝的历史，与之相比是多么不同！伟大国王的海权，如此彻底地从欧洲消退回亚洲。

在离开关于萨珊航海史的这一章之前，似乎有必要提供来自阿旃陀（Ajanta）有趣的图像证据。据泰伯里记载，似乎在公元625—626年，库思老见到印度国王补罗稽舍二世（Pulakesin II）派来的使者[3]，虽然没有文字记录证明库思老也派遣了使者回访印

1. 罗林森：《东方七大帝国》，伦敦，1876年，第519页。
2. 罗林森：《东方七大帝国》，伦敦，1876年，第506页。
3. 泰伯里著，胡耶编译：《泰伯里史》，第一卷，第1052页。"我们发现印度国王弗米沙（Phrmisha）在统治的第36年给我们写信，他派了一个大使给我们，信上写了各种各样的事情，并给我们和我们所有的儿子送了礼物。"诺德克（Nöldeke）教授说："由于阿拉伯文用Ph代表波斯文P，用I代表波斯文E，所以我们必须写PRMEshA这个名字。同时由于R和I在巴列维语中是用同一个符号写的，所以R也要作为表示I的假模式。由于M在阿拉伯语或巴列维语中可能代替K（Q），因此该名称在巴列维语中可以由PLKSA正确表示，读作Pulikês'a。"引自伯吉斯（Burgess）：《阿旃陀佛教石窟笔记》（*Notes on the Bauddha Rock-Temples of Ajanta*），No. 9，印度西部的考古调查，孟买，1879年，第92页，脚注1。库思老统治的第三十六年，即625年6月18日至公元626年6月17日。库思老于628年2月25日被废黜，几天后被处死。

度，不过在阿旃陀石窟第一窟中，残存的壁画以图像的形式记录了这段历史。

> 一位有着苍白皮肤的邦主，坐在宫廷（Darbar）高台的坐垫上，坐得比宫殿里其他人位置都高，在他的头后面，中间的上方有一个半圆形的绿色装饰，镶着金边，两边都有毗底耶陀罗（vidyadhara）的小雕像，后面突出的角用张大嘴巴的摩羯鱼装饰。右边画着三个穿着伊朗服饰，戴着尖顶帽子，留着胡子的伊朗人，衣冠楚楚，恭敬地蹲伏着靠近他：第一个拿着一串珍珠；第二个人捧着可能是一壶或一瓶酒；第三个托着一个装满礼物的大盘。站在第三个人后面的是另一个人，穿着白色的衣服，站在门边，可能是看门人，手里拿着一根棍子，腰带上插着一把匕首，显然在门口和另一个伊朗人说话，带来了一些礼物。看门人的后面是另一个外国人，穿着白色的衣服，长袜，卷发，戴着尖顶帽子，手里拿着一个器皿，背上背着一把笔直的长剑……在宫殿的右边，一个伊朗人，就像在门里看到的那个，似乎在和一个身着绿色衣服，手拿木棒的男人说话。在他身后立着两匹马，马儿前面站着佩剑的士兵。[1]

几乎可以肯定的是，如果画中的印度国王指的是当时统治德干高原的遮娄其王朝君主补罗稽舍二世，那么满足条件的波斯国王只有库思老二世[2]，他于公元628年被处死，只有他才可能向印

1. 伯吉斯：《阿旃陀佛教石窟笔记》，No. 9，印度西部的考古调查，孟买，1879年，第22—23页。
2. 文森·A. 史密斯（Vincent A. Smith）：《印度和锡兰美术史》（*A History of Fine Art in India and Ceylon*），牛津，1911年，第290页。

度派遣使者。此外，使者前来的方式只能是海路，从地理角度来看，从波斯到德干的最短路线就是海运，从政治角度看，走陆路要通过戒日帝国（the Empire of Harsha）的领土，但这是不被允许的，戒日帝国一直都在觊觎补罗稽舍二世统治下的遮娄其王朝，但在公元620年的战争中，戒日帝国被补罗稽舍二世的军队击败。[1]这幅壁画虽然没有涉及大海，但本质上是波斯在库思老二世统治时期与印度南部海上交往的记录。

这幅大使壁画还有一个续集。肖夫先生认为："在阿旃陀石窟的壁画中，其中一幅是为了纪念7世纪早期波斯大使的来访，在画中描绘了一艘船，这即使不是一艘中国式帆船，也明显受到这种帆船的影响。"[2]在其他地方，他称这艘船为波斯船[3]，但他的观点没有得到伯吉斯（Burgess）的支持[4]：

> 在下面的第一个和第二个窟门之间，画了一条河（可能是恒河），河里面有许多鱼和贝壳，这一主题非常符合中国传统的观念。一艘船有三根桅杆，船的后方有一个三角帆和一个桨，船尾满载着十个陶罐，船上有一个长头发的人在祈祷。在天界之后，是钱德拉（Chandra，月亮），在一弯新月的背后有一个身影，好像是有人在向他走来，他身后还跟着另一个人。水里的龙王（Naga Raja）和他的妻子似乎要把船拉回来；下面是另一个类似的人物，在水中露出了头和长长的尾

1. 文森·A. 史密斯（Vincent A. Smith）：《早期印度史》（*The Early History of India*），牛津，1914年，第340页。
2. 肖夫校注：《厄立特里亚海环航记》，伦敦，1912年，第247—248页。
3. 肖夫校注：《厄立特里亚海环航记》，伦敦，1912年，第244页。
4. 伯吉斯：《阿旃陀佛教石窟笔记》，No. 9，印度西部的考古调查，孟买，1879年，第22—38页。

巴。左岸是船要去的地方，佛陀就在岸边，还有一个人在恭敬地供奉他。在海岸上，岩石按照传统被涂上颜色。

图尔（C. Torr）用商船这一模糊的名称来称呼阿旃陀壁画中这艘船[1]，并作了一系列说明，可归纳如下：

> 这艘船完全安装好了，它有三个桅杆——主桅有一个桅横杆和一个方帆，前桅或船首斜桁有一个桅横杆和方帆，后桅可能有一个类似的桅横杆和帆。[2]每个船头上都有一只巨大的眼睛，这是一种情感的遗留品，人们认为，船是有生命的东西，它们必须看清方向；但随着时间的推移，它们很可能被认为是锚索的锚链孔。锚过去常从这些锚链孔后面不远的锚架上悬下来。[3]
>
> 船尾有一对非常大的桨，两边各有一个[4]，通过将桨系在一对桩之间连接起来，转向桨被固定在船舷下。[5]因此，操纵桨可以像划船用的桨一样工作。当船员通过向前划桨或向后划桨来推动船前进和后退时，舵手通过向内或向外划桨（如果他用一个桨划的话），以及向同一个方向移动另一个划桨（如果他用两个桨划的话）来推动船向左转向或向右转向。[6]

关于这艘阿旃陀船的所有现有资料现在都已提供，虽然这艘船是否为波斯船令人怀疑，但几乎可以肯定它与萨珊波斯商船属

1. 塞西尔·托尔（C. Torr）：《古船》（*Ancient Ships*），剑桥，1894年，第139页。
2. 塞西尔·托尔：《古船》，剑桥，1894年，第91页。
3. 塞西尔·托尔：《古船》，剑桥，1894年，第69页。
4. 塞西尔·托尔：《古船》，剑桥，1894年，第74页。
5. 塞西尔·托尔：《古船》，剑桥，1894年，第75页。
6. 塞西尔·托尔：《古船》，剑桥，1894年，第76页。

同一类。事实上，这种运输方式在萨珊晚期的印度洋上相当普遍，肖夫以安得拉邦的硬币为例，“该硬币上刻画了一艘双桅船，展示了与波罗波多尔（Boroboedor）的古吉拉特船和阿旃陀壁画上的波斯船类似的细节”[1]。

关于波斯船，刚刚提到的是来自域外的壁画证据，此外，还应提到在塔克-伊-布斯坦（Taq-i-Bustan）的一处浮雕上展示的波斯人自己提供的证据，即库思老二世狩猎野猪浮雕，关于这一浮雕的细节，罗林森教授详细描述：

> 有十二头大象，把狩猎比赛限制在一个没有出口的围栏里。在这个空间里，我们可以发现近百头野猪。由于该地面是一片沼泽，船上的帝王占据画面的中心，并在这开始了他的射箭游戏。除了五头大象上的骑手和王一起狩猎，没有其他人参与这项运动，这五头大象占据着浮雕的中下部分。当猪被射中倒下后，它们被抬到位于画面的右边的另一个围栏里，在那里它们被翻过来宰杀，然后放在大象的背上，大象把它们送到国王的住所。音乐使这一场面活跃起来，王的左右有两艘船，两队弹琴的乐手分别坐在上面。而王所乘的船上也有演奏竖琴的乐师。在船的周围，水中可以看到芦苇、鸭子和无数的鱼。推动船只的桨非常独特，与一些早期亚述雕塑中的桨有不少相似之处。在靠近浮雕顶部的左边，五个人站在一条小船上，似乎在拍手，以便把受惊的猪赶向君主面前；而在图片的右边中间有另一艘船，这艘船比其他的船装饰得更华丽，这似乎是第二个代表国王的人物，与第一位

1. 肖夫校注：《厄立特里亚海环航记》，伦敦，1912年，第244页。

国王的不同之处在于，他手中箭已离弦，正在从随从手中取下一支箭，此外，第二位国王的头部被灵光或荣耀环绕。[1]

这幅《野猪狩猎图》，基本上反映的是在河或湖中航行的景象，包括所有五艘圆形船，与亚述人的船，以及如今在底格里斯河和幼发拉底河上使用的库法斯船（**kufas**）有密切联系。[2]在《野猪狩猎图》中，有一艘船载着七个人，一名水手在船首，另一名在船尾，两名水手面朝同一个方向划船。另外两艘船各只有一名水手，但一艘船的总人数是六人，另一艘船的总人数是五人。其余两艘是皇家船只，每艘可载五人，两名水手面朝相反方向划船。这种不寻常的划船方式让人回想起亚述时代早期的淡水航行，当时的航行方式是一边拉船首，一边推船尾。[3]此外，正如罗林森教授所指出的，所有的桨都是短杆，顶端是小斧头或锤子形状，类似于早期亚述人的桨。因此，《野猪狩猎图》中表现的水上航行元素，就算不是全部，也很大程度上表现的是亚述人航行的方式。

这种相关不仅仅是巧合。一个开辟通往中国的海上贸易之路，在印度洋上取代阿拉伯人、印度人和罗马商人的国家，为什么还要继续在内陆河流和沼泽上使用亚述人的船只，并用亚述人原始的斧头型木桨撑船？波斯艺术的证据显然与历史的文字证据是不可调和的，因此，要么是因为这位艺术家从未对海洋有过深入了解，要么他故意为了表现传统范式牺牲了真相：

在古典的瓶画、壁画和马赛克画上，绘有许多船只的图像。因为他们一直深受古代艺术家的喜爱。但是这些画作的

1. 罗林森：《东方七大帝国》，伦敦，1876年，第615—616页。
2. 罗林森：《五大帝国》，第2卷，伦敦，1864年，第172页。
3. 罗林森：《五大帝国》，第2卷，伦敦，1864年，第172页。

细节描绘必须打个折扣。在处理像船这样巨大的物体时，古代艺术家会抓住其中一些特点，通过压制其他特征来突出需要表现的特点；接着画家会修改整体设计，以适应他的画作可支配空间。此外，画家和雕塑家们以不同的艺术形式表现同一个主题，他们从不同的角度看到的东西也是不一样的，而随着艺术的发展，表现方式也会随着时代的前进而变化。所以，艺术作品本身的差异很容易被当作船只本身的差异，但其实这之间的不同，仅仅代表艺术的表现形式不同而已。[1]

1. 塞西尔·托尔：《古船》，前言，剑桥，1894年。

于时广莫初飙，向朱方而百丈双挂；离箕创节，弃玄朔而五两单飞。长截洪溟，似山之涛横海；斜通巨壑，如云之浪滔天。

——义净，《佛国见闻》

第五章

波斯航海史
——穆罕默德时代早期

马丁·哈特曼（Martin Hartmann）发现，“伊斯兰教有一条规矩是敬畏海洋；从一开始，它就对那些教外之人在海洋上的统治力印象深刻，几乎不会质疑他们对海洋的统治权。我们确实发现，当穆罕默德的追随者进行海上军事行动时，几乎总以灾难性结局告终：例如，从海上对拜占庭的所有进攻尝试都宣告失败”[1]。与之类似，巴林的总督阿拉（Ala）穿越波斯湾，让他的士兵在波斯一侧的海岸登陆。他们在试图向波斯波利斯推进时（伊斯兰历16年，公元637年），与波斯人狭路相逢，步步败退，此时他发现自己被大海隔绝。他不得不下令放弃登船，改走陆路。最后的办法是转向巴士拉方向撤退，可是连这条线路也被阻断了。幸好包括哈里发奥马尔派来的一万两千人在内的一支来自巴士拉的救援部队及时抵达，使得被围困的军队能够从伊拉克撤退。但陆地撤退的成功，并没有让哈里发奥马尔忘记海上攻势的失败。这不是说他将想办法挽回海军的灾难，而是说他将禁止海上行动，永远禁止海军。

穆阿维叶（Muavia）一直非常怀念舰队的支持，事实上，他已经寻求了奥马尔的许可，让他的士兵上船。缪尔写

1. 马丁·哈特曼，关于中国的文章见《伊斯兰百科全书》，第844a页。

道："黎凡特岛离叙利亚海岸很近；你几乎可以听到狗的吠叫声和母鸡的'咯咯'叫声。"他希望奥马尔允许自己向他们发起进攻，但奥马尔畏惧大海，于是写信咨询阿姆鲁（Amru），阿姆鲁回答说："大海无边的广阔，大船在海上看起来像小斑点；海上什么都没有，只有上面的天空和下面的海水；当大海平静时，水手的心碎了；当风暴到来时，水手的所有感官会被调动起来。不要相信大海，一定要非常畏惧大海。海上的人，就像碎片上的昆虫，会随时被吞没，随时面临死亡的恐惧。"收到这个令人担忧的叙述，奥马尔禁止穆阿维叶与船只有任何关系："他们告诉我，叙利亚海比大陆更长，更宽，日夜与真主相处，试图把它吞下去。我怎么能相信我的人民在那该死的海的包围中呢？记住'阿拉'的教训吧。不，我的朋友，我的人民的安全对我来说比希腊所有的宝藏都更珍贵！"因此，在奥马尔统治期间，穆阿维叶在海上并没有进行过任何尝试。但在他死后，穆阿维叶再次递交了请愿书，奥斯曼最终放宽了禁令，条件是海事服务应该自愿进行。[1]

穆斯林这种对海洋的厌恶，并非来自《古兰经》或先知的传统："穆罕默德的教导中并没有什么关于反对航海的；与之相反，他几乎虔诚地提到，是安拉要求船只在大海中航行，因此可能更愿意鼓励这一行为。"[2]因此，伊斯兰教在海洋上被动的原因，应在伊斯兰统治前阿拉伯人的生活环境中寻找。

1. 缪尔（W. Muir）：《哈里发国的兴盛，衰落和灭亡》（*The Caliphate, its Rise, Decline, and Fall*），伦敦，1892年，第212页。

2. 《古兰经》，第十章：22：真主使你们在陆上和海上旅行。当你们坐在船中，乘顺风而航行，并因风而欣喜的时候，暴风向船袭来，波涛从各处滚来，船里的人猜想自己已被包围，他们虔诚地向真主祈祷，"如果你使我们脱离这次灾难，我们必定感谢你"。

如前所述，即使沿海阿拉伯人曾经是水手和商人，但在广大的内陆，自古以来阿拉伯人就是一个以掠夺为生的游牧民族。现在的伊斯兰教，虽然针对的是整个阿拉伯半岛的人群，但本质上是针对贝都因人的；贝都因人从游牧民转变为统治者，统治着一个从西班牙延伸到中国的大帝国，这是伊斯兰教的最高成就。但由于伊斯兰帝国的领导人是内陆的阿拉伯人，而且这些阿拉伯人并没有被伊斯兰教强迫放弃他们对海洋传统的厌恶，因此伊斯兰教对海洋和陆地的态度产生了根本性的不同。"当他从水路来时，他停留在海岸上，当他从陆路来时，他停留在内陆中。"[1]他留在内陆，因为他是内陆的阿拉伯人，是先知的热情的士兵；他留在海岸上，因为他是沿海的阿拉伯人，尽管他们自称是穆斯林，但本质上是一个古老的希米叶尔[2]商人，有着一千年文明的，爱好和平的本能。因此，从某种意义上说，伊斯兰教中教徒之间由陆路和水路而来的差异，是衡量贝都因人和希米叶尔人之间宗教热情差异的标准。

这种差异在阿拉伯征服萨珊波斯的历史上达到了顶峰。因为尽管在正统的奥斯曼哈里发统治时期，萨珊帝国的历史随着亚兹迪戈尔德（Yazdigird）的陷落而结束，但在阿拔斯帝国的穆塔瓦基勒（Al-Mutawakkil）哈里发统治时期（公元847—861年），波斯的海上贸易仍然活跃在远东地区。在穆罕默德时代，支持这种贸易存在的证据是丰富的、可靠的和决定性的。

义净写道：

> 咸亨元年（670），我在首都（长安）学习、听法……在

1. 马丁·哈特曼，关于中国的文章见《伊斯兰百科全书》，第843 b—844a页。
2. 也门。——译者注

咸亨二年（671）我一直在扬州[1]避暑。初秋，我出乎意料地遇到了一位帝国使节，龚州[2]的冯孝铨[3]；在他的帮助下，我来到广东，在那里我与一艘波斯商船的船长会面，确定了出发的日期，乘船前往南方。咸亨二年（671）十一月，我从广州出发。然后驶往南海[4]。于时广莫初飙，向朱方[5]而百丈双挂；离箕创节，弃玄朔而五两单飞。长截洪溟，似山之涛横海；斜通巨壑，如云之浪滔天。在航行二十天后，这艘船到达了室利佛逝（Bhoga），我在那里停留了六个月，逐渐学会了声明（Sabdavidya，梵文语法）。[6]

因此，从义净的记录和回忆录中获得了重要的信息，即从广州到苏门答腊岛的首都室利佛逝（又称三佛齐Palembang），室利佛逝河和岛上的东南部之间的航行，是由一个波斯商人进行的航行，由于顺风，这两个港口之间的航程大约需要20天。有时，当天气不太好时，航程需要一个月。[7]

同样有趣的是，圆照在9世纪初编纂的《贞元新定释教目录》中提到，大约在717年：

金刚智（跋日罗菩提Vajrabodhi）抵达锡兰岛。在那里

1. "扬州Yang-chou（马可波罗书中的=Yangju），在江苏。"
2. "广西东南部的古称。"
3. 冯孝铨，此时正在到岭南道赴任龚州郡守的路上。——译者注
4. 义净著，高楠顺次郎译：《佛国见闻》（*A Record of the Buddhist Religion*），"义净从南海返回故乡"，牛津，1896年，第211页。译者注：本书基于《南海内归寄法传》翻译。
5. "南面的颜色是红色的，北面的颜色是昏暗的。"
6. 义净著，高楠顺次郎译：《大唐西域求法高僧传》，见义净的《佛国见闻》，牛津，1896年，第27—30页。
7. 从吴兴航行一个月后来到斯里布霍加（苏门答腊）。见高楠顺次郎译《佛国见闻》，第46页。

他发现了三十五艘波斯船只，在此市易宝货。波斯商人一看到金刚智，就一致地跟着他。在锡兰待了一个月后，金刚智获得了皇家的许可，与忠实的波斯商人一起航行。经过一个月的航行，他们来到了室利佛逝。航行的结局是灾难性的；这些商人乘坐的所有船只都被暴风雨驱散了，只有金刚智所乘坐的船到达了港口。[1]

最终，“金刚智在720年抵达广州”[2]。

因此，在伊斯兰教兴起后，波斯人的航线不仅在中国和苏门答腊岛之间，而且还延伸到锡兰，很明显，还延伸到了波斯湾的港口。这种航线也存在殖民据点，公元748年来自扬州的中国僧人鉴真提到，在海南岛存在一个非常大的波斯村落。[3]在唐朝的历史上，波斯的殖民据点并非孤例。《旧唐书·波斯传》记载：“乾

---

1. 费琅：《金刚智的航行》(*Voyage de Vajrabodhi*)，见《关于远东的旅行和地理志》(*Relations de Voyages et Textes Géographiques, relatifs à l'Extrême-Orient*)，第二卷，巴黎，1914年，第637页。译者注：“却到师子国勃支利津口。逢波斯舶三十五只其国市易珍宝，诸商主见和上同心陪从。师子国王室哩室啰闻和上再至，又迎宫中一月供养。苦留不住，重礼佛牙便即进路。王使道俗香花音乐饯送海岸。和上至发行日，是诸商主并相随渡海，经一月至佛逝国。佛逝国王将金伞盖金床来迎和上，缘阻恶风停留五月，风定之后方得进发，经过诸国小小异物及以海难洪波杂沸不可具述。计去唐界二十日内，中间卒逢恶风忽发云气。叔暗毒龙鲸鲵之属交头出没，是诸商舶三十余只，随波流泛不知所在，唯和上一舶以持随求得免斯难。又计海程十万余里逐波泛浪，约以三年缘历异国种种艰辛，方始得至大唐圣境。行至广府重遭暴雨，时节度使使二三千人乘小船数百只，并以香花音乐海口远迎。至开元八年中初到东都。”（唐）圆照撰《贞元新定释教目录》卷14《金刚智传》，《大正新修大藏经》，第55册，大正一切经行会，1932年，第876页。
2. （唐）圆照撰：《贞元新定释教目录》卷14《金刚智传》，《大正新修大藏经》，第55册，大正一切经行会，1932年，第876页。
3. 高楠顺次郎：第一届远东研究国际大会（*Premier Congrès int. des Études d'Ext.-Orient*），第58页，河内，1903年，引自裕尔：《东域纪程录丛》，第一卷，第100页n 2。译者注：“送经四十余日。至万安州。州大首领凭若芳请住其家。三日供养。若芳每年常劫取波斯舶三二艘。取物为己货。掠人为奴婢。”（《游方记抄》）

元元年（758），波斯与大食同寇广州，劫仓库，焚庐舍，浮海而去。”[1]布莱施奈德（Bretschneider）博士说：“在我看来，这是中国历史上最后一次以波斯的名义提到波斯人。”[2]

和其他地方一样，在此处，中文史料中的“波斯”一词指今天的波斯地区。虽然“Persia”在中文里写作“波斯”，但中文史料中的“波斯”并不一定都指今天的波斯地区。860年樊绰撰写的《蛮书》写道：“骠国（缅甸），在蛮永昌城南七十五日程（或2000里），与波斯及婆罗门邻接，西去舍利城。”劳费尔认为，在这则史料中，“根据唐人的了解，波斯位于亚洲大陆，是一个与缅甸相连的地方”[3]。同样，在《蛮书》的另一章节中提到：“又东南至大银孔[4]，又南有婆罗门、波斯、阇婆、勃泥昆仑数种。外通交易之处，多诸珍宝，以黄金麝香为贵货。”根据劳费尔的说法，马来亚被称为“波斯”在这里再次被提到，而不是伯希和提出的位于伊朗的波斯。[5]

面对马来亚波斯的存在，布莱施奈德博士提出了一种理论，即苏门答腊群岛被称为“波斯”，是因为“波斯人在苏门答腊群岛进行大宗贸易，可能在那里有殖民据点”[6]。由于材料太少，这一理

---

1. 参见E. 布莱施奈德（E. Bretschneider）：《古代中国人拥有的关于阿拉伯人、阿拉伯殖民地和其他西方国家知识》（*On the Knowledge possessed by the Ancient Chinese of the Arabs and Arabian colonies and other Western Countries*），伦敦，1871年，第10页，其中引用了中国文献。
2. E. 布莱施奈德：《中日释疑》（*Notes and Queries on China and Japan* IV），第57页，引自裕尔《东域纪程录丛》，第一卷，第89页n. 2。
3. 贝特霍尔德·劳费尔：《中国伊朗编》，芝加哥，1919年，第168页。
4. 它的地点尚不确定：“很可能位于暹罗湾。”
5. 贝特霍尔德·劳费尔：《中国伊朗编》，芝加哥，1919年，第469页。
6. E. 布莱施奈德：《古代中国人拥有的关于阿拉伯人、阿拉伯殖民地和其他西方国家知识》，第16页n. 1。

论不被劳费尔认同[1]，他援引格里尼（G. E. Gerini）的观点，斥其为“一种毫无根据的猜测”[2]。

但是格里尼说的远比他说的要少得多，这正是他的话：

> 至于波斯，它不妨指该海岸更南部的巴斯西（Basisi，又称巴斯西克，Basisik بسيسق）部落。大约在1240年，赵汝适提到了一个叫做波斯的地方，夏德博士说：“这里可能不是波斯，而是另一些国家，我无法识别。”（见*J.R.A.S*，1896，第479页）（在另一文章中）根据布莱施奈德博士的说法，我们已经看到同样的名字应用于北苏门答腊岛西海岸的部分地区，因为波斯人在此地与中国进行大型贸易，而且可能在那里有殖民据点。就像波斯人在印度的许多其他贸易中心所做的那样，尽管我完全承认有可能存在一定数量的波斯人在此定居，但我稍后将重新论述这一点，并表明位于该地区的“波斯”一词与波斯人没有任何联系。七世纪，他们在东苏门答腊和广州之间频繁航行；约四分之三世纪后（公元748—公元749）在海南南部发现了一个广泛的波斯定居点（见高楠顺次郎，*Proceedings of the Premier Congrès int. des Etudes d' Extréme-Orient*，河内，1903年，第58—59页）；艾布·斐达引用了穆哈拉比（Muhallabi，约1000年）提到的生活在箇罗（Kalah）岛的波斯人；等等。那时，根据布莱施奈德博士的观点，所有这些地方都应该被中国人称为波斯，但事实并非如此；因

1. 贝特霍尔德·劳费尔：《中国伊朗编》，芝加哥，1919年，第473页，“故波斯谓牙为白暗，犀为黑暗”，引自《酉阳杂俎》。这被证明是马来语，而不是波斯语。
2. 贝特霍尔德·劳费尔：《中国伊朗编》，芝加哥，1919年，第473页。

此，该观点是值得商榷的。[1]

因此，格里尼虽然赞同，但又不完全同意布莱施奈德的观点：他不赞同布莱施奈德试图以波斯商人广泛殖民苏门答腊的事实作为该地被称作波斯的原因；但他不否认波斯小规模殖民苏门答腊的可能性。所以，格里尼的这种态度不是基于妥协，而是基于理智。

在古波斯阿契美尼德王朝统治时，无论是在苏门答腊岛北部还是西部海岸各地，很可能都有古老的阿拉伯人和波斯人定居点，不，这几乎是可以确定的事实！因为这些海岸靠近尼科巴群岛（Nikobars）。众所周知，尼科巴群岛是横跨孟加拉湾的阿拉伯和波斯海上航线上的中转站和地标之一。鉴于这一事实，阿拉伯人和波斯人一定经常到达苏门答腊岛的西北海岸，特别是当孟加拉湾的洋流向南，迫使船只不得不经过这里；或是因为飓风最终将船吹到海岸，迫使人们不得不在此寻求避难场所。阿拉伯旅行者自己的记录提供了这种观点的证据，这表明兰布里（Lambri）、巴鲁斯（Bärus）等地都为他们的同胞所熟知，这些海港似乎至少从十世纪中叶起就有繁忙的海上交通贸易了。因此很难相信，仅仅因为阿拉伯人和波斯人在那里有一些小的定居点，这片土地就可以被称为塔吉利亚（Tajilia）或帕西（Parsi）。[2]

然而，与我们的主题密切相关的问题不在于他们记载的“波斯”是不是与伊朗同名的地名，而是义净、金刚智和鉴真记载中的“波斯”到底是伊朗人还是非伊朗人。正是在此，劳费尔的论

1. 格里尼：《托勒密东亚地理研究》，伦敦，1909年，第471页n. 2。
2. 格里尼：《托勒密东亚地理研究》，伦敦，1909年，第679—680页。

点是最薄弱的。事实上，劳费尔的书中并没有谈到金刚智关于波斯的记载，但他谈论了另外的两个人：

> 公元742年长江沿岸的扬州有一个和尚名叫鉴真，航行到日本，在航程中于748年也到过广州。我们从日本学者高楠顺次郎所摘录他的日记的短短一段里看到这样的话："广州珠江有婆罗门、波斯及昆仑人（马来族）之估舶无数。"这作品里的这一段我手边没有，不过毫无疑问它所说的三个国家：婆罗门、波斯和昆仑就是《蛮书》里所提的那些国家；讲的不是婆罗门教，而是在缅甸边境的婆罗门国和人民、缅甸的边境的波斯和马来亚的昆仑。因此可看出八世纪前半叶，马来亚波斯人是操行航海业的民族，和中国人在广州做交易。所以在海南岛的南岸这位旅行者所发现的据称为波斯人的居住地就是马来亚波斯人的一个殖民地。从这情况看来，可以再提出一个问题：义净在公元671年在广州乘搭的是否是波斯船？那船驶往苏门答腊岛的三佛齐，在马来亚海里行驶；我还是认为这里所说的是马来亚波斯，而非伊朗波斯。[1]

但如前所述，《旧唐书》指出，在公元758年，阿拉伯人和波斯人一起劫掠并烧毁了广州。从波斯与大食（阿拉伯人）的联系中可以明显看出，这里涉及的波斯就是伊朗波斯。因此，如果波斯人在公元758年在广州，那么他们肯定早在十年前也已经在广州了，就像佛教高僧鉴真记载的那样。那么，为什么不可能在公元671年在广州见到一艘波斯船的主人了呢？仅仅因为她要航行到马

1. 贝特霍尔德·劳费尔：《中国伊朗编》，芝加哥，1919年，第469—470页。

来亚水域吗？[1]

此外，劳费尔否认在穆罕默德时代以前中国有来自伊朗本土的波斯船只。但他自己又同时承认，在伊斯兰教崛起后，在远东出现了“真正的波斯船只”[2]。这一观点本身就是矛盾的，因为所有正在讨论的年代（758年、748年、717年、671年）都是伊斯兰教兴起之后。[3]然而，这一观点并不完全基于推理——伯希和教授1908年在敦煌藏经洞里找到了慧超的记载。这一证据确凿无疑，劳费尔先生本人已经承认，这是公元8世纪波斯航海活动的最佳证据。[4]夏德教授说：

> 这份文献后来消失了，可能从未在中国读者中传播过，名为《慧超往五天竺国传》，我们现在拥有的只是开始和结束丢失的一个片段；但是，尽管如此，这个碎片是对我们认识在中文史料中记载的亚洲国家的最有价值的贡献。在文本中，旅行者说他是在开元十五年十一月上旬从印度返回安西[5]的，在这里居住着中国人。这一日期相当于公元727年。[6]

1. S. 比尔（S. Beal）：《玄奘的一生》（*life of Hiuen-Tsiang*），伦敦，1911年，第39页。来自江宁地区的玄太法师似乎跟着一艘波斯船前往南海。玄太法师来自新罗，另外，泛舟南海的实为两名不知名新罗高僧。见《大唐西域求法高僧传》：玄太法师者。新罗人也。梵名萨婆慎若提婆（唐云一切智天）永徽年内取吐蕃道。经泥波罗到中印度。礼菩提树详检经论。旋踵东土行至土谷浑。逢道希师覆相引致。还向大觉寺后归唐国。莫知所终矣。……复有新罗僧二人。莫知其讳，发自长安，远之南海。泛船至室利佛逝国西婆鲁师国。遇疾俱亡。——译者注
2. 贝特霍尔德·劳费尔：《中国伊朗编》，芝加哥，1919年，第470页。
3. “只有在伊斯兰时期，真正的波斯船只才出现在远东。”贝特霍尔德·劳费尔：《中国伊朗编》，芝加哥，1919年，第4页、第470页。
4. 贝特霍尔德·劳费尔：《中国伊朗编》，芝加哥，1919年，第4页。
5. 指安西大都护府，此时设在龟兹。——译者注
6. 《美国东方学会杂志》（*Journal of the American Oriental Society*），第三十三卷，安娜堡，1913年，见夏德《神秘的拂菻》（*The Mystery of Fu-lin*）一文，第202—204页。

现在谈谈慧超的实际证据，有以下关于波斯的细节：

> 又从吐火罗国（托卡里斯坦Tokharestan）西行一月至波斯国。此王先管大寔（阿拉伯人），大寔（阿拉伯人）是波斯王放驼户，于后叛，便煞（杀）彼王，自立为主。然今此国，却被大寔（阿拉伯人）所吞。……衣旧着宽氎布衫，剪须发。食唯饼肉，纵然有米，亦磨作饼吃也。土地出驼、骡、羊、马，出高大驴、氎布、宝物。言音各别，不同余国。土地人性，受与易，常于西海泛舶入南海。向师子国（锡兰）[1]取诸宝物，所以彼国云出宝物。亦向昆仑国[2]取金，亦泛舶汉地（中国），直至广州，取绫、绢、丝、绵之类。土地出好细叠。国人爱杀生（牛），事天，不识佛法。又从波斯国北行十日入山至大寔国。彼王不住本国，见向小拂临国住也。为打得彼国，彼国复居山岛，处所极罕，为此就彼。土地出驼、骡、羊、马、叠布、毛毯，亦有宝物。衣着细叠宽衫，衫上又披一叠布，以为上服。王及百姓衣服，一种无别。女人亦着宽衫。男人剪发在须，女人在发。吃食无问贵贱，共同一盆而食，手把亦匙筯取，见极恶，云自手杀而食，得福无量。国人爱杀，事天（真主安拉），不识佛法。国法无有跪拜法也。[3]

这段史料的分析揭示了几个极其重要的事实。首先，波斯人

1. 锡兰岛被称为萨兰迪布，是当地对僧伽罗德里帕（Sinhala-dwipa）的别称，又称“狮子岛”，即有狮心的人。

2. 从上面引用的两本经文来看，昆仑一定是一个马来亚国家。夏德认为它与非洲的东海岸有关，那里是索法拉，盛产黄金。但索法拉并不是黄金的唯一产地；马来亚的塔因昆（Ta-yin-k'un）也产黄金（supra, p. 99）。

3. 《美国东方学会杂志》，第三十三卷，见夏德《神秘的拂菻》一文，第204—205页。

“天生就热衷于商业”。这本是由科斯马斯和普罗科匹厄斯的证据独立建立的结论。其次，波斯人乘船到锡兰寻找宝石。这一信息也在十年前，即717年金刚智航行时被披露过。第三，购买“丝绸制品”驱使波斯人直接航行到广州。这是费琅建立在语言材料的基础上得出的结论。第四，也是最后一点，波斯人习惯在西海和南海航行。这一事实表明，波斯人的航海活动在公元727年达到顶峰，因此，它一定早在这个日期之前就开始进行了。由于这些原因，我倾向于相信早期穆罕默德时代的波斯人航海活动只是萨珊波斯时期航海的延续，正如费琅先生所说，波斯人是阿拉伯与远东贸易的发起者。

因此，在波斯和阿拉伯航海史上，公元758年都是特别重要的一年。758年，波斯人在中国的数量足以烧毁一个相当于广州大小的海港，也正是在公元758年，第一次获得了阿拉伯与远东海上贸易的记录。[1]在我看来，阿拉伯人在这一贸易中占优势的确凿证据表明，在史料中第一次记录下他们来到中国的一百二十年后，阿拉伯穆斯林仍然只是商人，与景教商人、琐罗亚斯德教徒和犹太人共享广府（今天的广州）。尸罗夫的商人阿布·赛义德·哈桑（Abu Zaid al-Hasan）说[2]：

> 在中国，出了一个名叫黄巢（Baichu）[3]的人物，他不是皇

1. 根据夏德和柔克义的推测，“阿拉伯人似乎早在公元300年就在广东有了一个定居点或殖民地”（《赵汝适及十二、十三世纪的中国与阿拉伯贸易》，第4页）。唯一引证的事实是：“从婆罗门的南部边境，莫莱（Mo-lai）到武拉（Wu-la），所有（这些）都是绿海的东岸（海洋的阿拉伯名字）。因此，它的意思是整个印度西海岸”（《赵汝适及十二、十三世纪的中国与阿拉伯贸易》，第6页、第12页）。

2. 尸罗夫的哈桑：《中国印度见闻录续编》，见雷诺多《航海交流史》（*Relation des Voyages*），第二卷，巴黎，1845年，第62页。

3. 或者更确切地说，Babshu。

族出身，而是从民间崛起的。此人初时以狡诈多谋、仗义疏财闻名于世，后来便抢夺武器，打家劫舍。歹徒们追随如流，集结在他的周围。他的势力几于壮大，人马日益增多。于是，他的野心膨胀起来了。在众多的中国城市中，他开始向广府（广州）进发。这是阿拉伯商人荟萃的城市，从海边走去，还有几天的路程。广府位于一条大河之畔，河水是谈水。广府居民起来抵抗黄巢，他便把他们困在城内，攻打了好些时日。这个事件发生在回历264年（公元878年）。最后，他终于得胜，攻破城池，屠杀居民。据熟悉中国情形的人说，不计罹难的中国人在内，仅寄居城中经商的伊斯兰教徒、犹太教徒、基督教徒、拜火教徒，总共有十二万人被他杀害了。这四种宗教徒的死亡人数能知道得这样确凿，那是因为中国人按他们的人（头）数课税。黄巢还把那里的桑树和其他树木全都砍光了。我们特意提起桑树，是因为中国人用桑树的叶子喂蚕，喂到蚕把自己包裹起来（藏在茧中）为止。因此，这一事件，就是阿拉伯各国失去货源，特别是失去丝绸的原因。

他洗劫广府以后，又接二连三地捣毁其他城市，中国皇帝已经仓皇失措了。不久，他竟打到京畿，直逼名叫胡姆丹（Khamdan，长安）的京城。皇帝只得舍弃京师，逃到邻近西藏边境的穆祖（Mudhi，成都），在那里设置了行宫。[1]这样，叛党的天下不仅得以继续保持，而且势力越来越大。黄巢所追求的，只是为了破坏一切城市，屠杀那里的居民，因为他不是皇族出身，也不是那种抱有野心，想要独揽一切大权的

1. 起义发生在唐僖宗统治时期（公元874—889年），根据中文史料的记载，800万人丧生，血流成河！

人物。他的目的只实现了一部分，所以时至今日，中国的事态依然停滞不前。[1]

一件小事，可能会伤害一个受伤的人，公元878年，中国农民起义导致阿拉伯的贸易暂时瘫痪，这对琐罗亚斯德教商人来说是致命的，他们在波斯帝国被推翻后，又幸存了几个世纪。当法律和秩序恢复，中东恢复与远东的贸易时[2]，波斯人走了，大食人也都走了。[3]

波斯职业水手的辉煌壮举，不能掩盖业余水手（信仰琐罗亚斯德教的逃亡者）的精彩表现，他们在公元8世纪中叶在霍尔木兹上船，并在印度为自己找到了一个永久的家。根据公元1600年巴赫曼·凯库巴德·哈姆吉亚尔·桑贾纳（Bahman Kaykubad Hamjiyar Sanjana）对移民土著的描述，所有不信奉伊斯兰教的俗人和达斯塔人都逃到了胡齐斯坦（Kuhistan），在那里他们找到了一个临时的、但显然不安全的庇护所，住了一百年。因此，出于安全原因，他们考虑并进行了第二次航行，来到海滨小镇霍尔木兹。[4]“一艘船已经准备好出海，他们立即扬帆，把妇女和孩子们放在船上，拼命地划向信德。当船看到陆地时，锚落在了迪夫岛

1. 《中国印度见闻录》，苏莱曼和阿布·赛义德·哈桑文章的英译本，见E. 勒诺多（E. Renaudot），伦敦，1733年，第41—43页。

2. 根据马苏第的说法，大概是在11世纪（写于回历336年，公元947年，重写于回历345年，公元956年；Meynard, Vol. I，第308页），来自巴士拉和中国的船只在箇罗（马六甲=Kerah或Kra）相遇。“在古代，中国船只驶往阿曼岛、尸罗夫、法尔斯和巴林海岸，到达乌布拉和巴士拉，来自这些地方的船只也与中国直接贸易；只是在秩序不再值得依靠之后。他们才开始在这个中间点贸易。”

3. 我在这里引用的“波斯”一词，限定为信仰琐罗亚斯德教的波斯人，因为波斯穆斯林直到葡萄牙人发现好望角路线后才逐渐丧失竞争力。

4. 《桑加的故事》（*The Qia-i-Sanjan*），大英博物馆（British Museum）MS. Add 27,268, f. 81b。

(Div)。[1]即便如此，难民们还没有到达他们的最终落脚点。位于卡西亚瓦尔（Kathiawar）以南的坎贝尔湾的迪夫岛或迪乌岛还不是最好的，他们决定在其他地方寻找第二个更适宜居住的家。因此，"他们驶往古吉拉特[2]，当船驶入大海时，一场灾难性的风暴袭来了；但在光荣的巴拉姆之火的祝福下，他们幸运地度过了那个难关。[3]普罗维登斯下令，所有这些人到达桑詹（Sanjan）附近。"[4]

不可能只有一个移民来到印度，这些移民也不可能只被安置在一艘船上。亨利·洛德（Henry Lord）是印度苏拉特市（Surat）的牧师，供职于东印度公司。他根据公元1630年获得的口头证据表明，印度帕西人的祖先组成了七艘帆船的舰队，从贾斯克（Jask）出发，在古吉拉特海岸的三个不同的地方登陆：

> 因此，他们修复了波斯湾的雅斯奎斯港（Iasques），建立了一支由七艘帆船组成的船队，凭借商船的身份，以贸易和经商的名义，将人们和它们的船队送往印度海岸。他们安全地到达了印度海岸的圣约翰岛，并一起到达了斯瓦里港（Port of Swaley）或附近地区，通常，来往的船只都会停靠在这里。双方签订的条约是由帕西人中的几位，以及一个住在纳塞里（Nuncery）的赖亚（Raiah）共同制定并公布，条约写明了帕西人来到该地的原因，表明了当地承认并接纳他

1. 《桑加的故事》，大英博物馆MS. Add 27,268, f.82a。
2. 《桑加的故事》，大英博物馆MS. Add 27,268, f.82b。
3. 这些译本是由S. H. 霍尼亚拉（S. H. Hodivala）在他的《帕西历史研究》中发表的，孟买，1920年，第100—101页。
4. G. K. 纳里曼（G. K. Nariman）先生认为，飞向帕西岛的本地版本，可能是基于拜拉祖里记载的阿拉伯人对科尔曼的征服改编的：许多科尔曼人从海上逃离；其中一些来到了马克兰，还有一些来到了锡吉斯坦。胡耶（de Goeje）编：《伊斯兰国家的起源》（*Kitabu futuhi l-buldan*），第392页。

> 们的态度，允许帕西人使用自己的法律和宗教，但他们需要服从当地政府；帕西人在表达了敬意，并缴纳了贡物后，五艘船上的乘客全部获准下船登陆。
>
> 剩下的另外两艘船，其中一个停靠在去斯瓦里港的途中，同样和当地的一位赖亚共同签订了条约，然后住在靠近苏拉特市的巴里瓦（Baryaw），当地承认他们的条件和前者一样；但是巴里瓦的赖亚引起了邻近地区赖亚的猜忌，那个赖亚率军征服了巴里瓦，和被征服的巴里瓦人住在一起的那些帕西人，都被当作敌人的信徒而被处死。
>
> 最后一艘船沿着海岸航行，到达坎贝尔湾，在那里他们按照上述条件被接收。所以，自他们到来后，无论后来帕西人在印度怎样分散，他们的祖先都来自这几个地方。[1]

从那时起，12个世纪过去了，帕西人不仅保留了他们对贸易和商业的天性，而且使自己成为印度最有文化和最进步的人民。

现在，从波斯航海活动的大量事实转入对波斯船只的细节描述。关于这些细节本身，没有直接的证据，但有671年义净的记述：

> 于时广莫初飙，向朱方而百丈双挂；离箕创节，弃玄朔而五两单飞。长截洪溟，似山之涛横海；斜通巨壑，如云之浪

1. H. 洛德（H. Lord）：《东印度群岛两个宗教教派》（*A Display of Two Forraigne Sects in the East Indies*），伦敦，1630年，第3—4页。

滔天。

又有727年慧超的记载：

（波斯）亦泛舶汉地，直至广州。

或是863年段成式记录下的官员[1]郑复礼的话：

波斯舶上多养鸽。鸽能飞行数千里，辄放一只至家，以为平安信。[2]

因此，有必要假定由李肇撰写的《唐国史补》和苏莱曼的《苏莱曼东游记》提供的对外国人航海的普遍性描述中，或多或少涵盖了波斯航运的细节，但这一描述还很不全面。因为李肇对国外船只的描述只适用于713至825年期间在广州的航运，正如我们已经不厌其烦重复提到的，波斯船曾经于727年直接航行到广州，758年广州城受到劫掠并被焚烧，波斯商人甚至负有相当多的责任。而苏莱曼关于穆斯林远航至广州的描述写于851年；据尸罗夫的阿布·赛义德·哈桑记载，878年，在广州有信仰琐罗亚斯德教的商人。因此，虽然苏莱曼和李肇在书中没有明确提到波斯人的航海记录，但阿拉伯人和中国人的描述，可以大致使我们了解8世纪和9世纪在广州的波斯船只的概况：

到达广州后，每艘船都把货物交给中国皇帝委任的官员，一直储存到当季最后一艘船到达，十分之三的商品作为进口关税，余款还给船主。主要进口到中国的有……象牙、香料、

1. 大理丞。——译者注
2. 夏德、柔克义：《赵汝适及十二、十三世纪的中国与阿拉伯贸易（诸蕃志）》，圣彼得堡，1911年，第28页。译者注：见段成式《酉阳杂俎》卷十六·广动植之一。

铜锭、龟壳、樟脑和犀牛角。[1]

> 南海舶外国船也，每岁至安南、广州。师子国舶最大，梯而上下数丈，皆积宝货。至则本道奏报，郡邑为之喧阗。有蕃长为主领，市舶使籍其名物，纳舶脚，禁珍异，蕃商有以欺诈入牢狱者。[2]

但是“船不过是木板，水手不过是人，这里有田鼠和水鼠，有海贼和山贼——我指的是海盗，除此之外，还有水灾、风暴和触礁的危险”。因此，公元785年至805年，贾耽的航海指南说：“国人于海中立华表，夜则置炬其上，使舶人夜行不迷。”[3]

这些灯塔至少一直存在到10世纪，公元947—956年，马苏第记载：

> 这些地标建筑坐落在乌布拉和阿巴丹南面的海里。人们负责夜间在海中央像椅子一样的三根木桩上生火，给来自阿曼、尸罗夫和其他地方的船只发送预警信号。[4]

公元985年，麦格迪西（al-Muqaddasi）补充了证据：

> 在巴士拉的边缘，棕榈树干上搭起了小木房；

1. 夏德、柔克义：《赵汝适及十二、十三世纪的中国与阿拉伯贸易（诸蕃志）》，圣彼得堡，1911年，第15—16页。译者注：《苏莱曼东游记》，见《中国印度见闻录》。
2. 夏德、柔克义：《赵汝适及十二、十三世纪的中国与阿拉伯贸易（诸蕃志）》，圣彼得堡，1911年，第9页。见李肇：《唐国史补》卷下。——译者注
3. 夏德、柔克义：《赵汝适及十二、十三世纪的中国与阿拉伯贸易（诸蕃志）》，圣彼得堡，1911年，第13页。译者注：见《新唐书·地理志》。1984年在陕西省泾阳县云阳镇小户杨村发现了《杨良瑶神道碑》，记载了杨良瑶于贞元元年（785），出使黑衣大食的记录。张世民认为，贾耽关于波斯的这一记载很可能来自杨良瑶西行黑衣大食的海上见闻。见张世民《杨良瑶：中国最早航海下西洋的外交使节》，《咸阳师范学院学报》第20卷第3期，2005年，第4—8页。
4. 马苏第著，梅纳德编：《黄金草原》，第一卷，巴黎，1864年，第230页。

人们一直驻扎在海上，以便在夜间点燃火光；

作为信号，警告船只避开这极易搁浅的地方。[1]

尽管如此，有时浅滩是如此之多，航行必须在夜间完全暂停：

因此，这条通道只有在白天才能通过；在这种情况下，船长站在船顶上，全神贯注地望着大海。两个男孩同时站在他的右边和左边。一看到前方有一块石头，大声呼叫两个男孩中的其中一个，通知舵手这件事。舵手听到叫声，根据来报信的男孩代表的方向，把他手中的两根绳子中的一根拉到右边或左边。如果不采取这些预防措施，该船就有被撞到岩石上的危险。[2]

但是当船只已经看不见陆地，用阿姆尔（Amr）的话来说，除了上面的天空和下面的海水，其他什么都没有时，船主（*nākhudā*）不得不"依靠季风的规律，靠太阳、月亮和星星的位置来判断方向，需要尽可能频繁地进行判断"[3]。虽然已经了解了磁针的极性，但在12世纪之前，水手还不知道航海罗盘如何使用。正是在信鸽和能看到陆地的鸟儿帮助下，船才能保持航向或向陆地发送信息。从5世纪到12世纪，这种在南洋航行的方法常见于所有船只，无论这艘船是属于中东还是远东的。[4]

1. 麦格迪西（al-Muqaddasī）：《各地知识的最佳分类》（*Arsanu 't-Tagasim fr Morifati 'l-Agatim*），加尔各答，1897年，第17页。
2. 麦格迪西：《各地知识的最佳分类》，加尔各答，1897年，第16页。
3. 夏德、柔克义：《赵汝适及十二、十三世纪的中国与阿拉伯贸易（诸蕃志）》，圣彼得堡，1911年，第28页。
4. 夏德、柔克义：《赵汝适及十二、十三世纪的中国与阿拉伯贸易（诸蕃志）》，圣彼得堡，1911年，第16页。

但这些早期航行的风险更多地是来自海盗，并非源于落后的航海技术。公元785年至805年，贾耽写道："葛葛僧祇国（布劳威尔群岛Brouwer's islands）……国人多钞暴，乘舶者畏惮之。"[1]在苏门答腊之外，南暹罗和柬埔寨的海上居民都是如此这般的海盗，以至于整个国家被称为"莱斯泰（Lestai）"或"强盗的国家"。[2]而在更近的地方，德瓦尔卡港（Dwarka）和萨姆纳特港（Somnath）久是海盗贾茨（Jats）和古尔贾拉斯（Gurjjaras）的巢穴。因此，正如麦格迪西在985年描述的那样："所有航行在这片海域的船只，都必须带一批战斗人员和石脑油（Naphtha）投手来保护他们的安全。"[3]毫无疑问，一些船只被海盗掠夺，另一些船只通过支付买路钱来收买他们，还有一些船只完全避开了这条危险的路线。但是当这些都不可行的时候，比如在马六甲海峡中，人们会用一条铁链永久地横跨在海面上，以阻挡海盗，只有获准的商船通过时，铁链才会被放下。[4]

不管针对海盗、浅滩、风暴的保护措施有什么价值，可以确定的是，维持早期海上交通畅通的决定性因素，是不断增加的利润。虽然风险很大，但收益更大；于是波斯的老船长们驶过一个又一个繁忙的港口，航行几千里，前往汉朝时的中国，直达广州。关于这条路线的讨论，现在是时候继续下去了。

1. 夏德、柔克义：《赵汝适及十二、十三世纪的中国与阿拉伯贸易（诸蕃志）》，圣彼得堡，1911年，第11页。
2. 格里尼：《托勒密东亚地理研究》，伦敦，1909年，第156页。
3. 麦格迪西：《各地知识的最佳分类》，莱顿，1906年，第17页。
4. 夏德、柔克义：《赵汝适及十二、十三世纪的中国与阿拉伯贸易（诸蕃志）》，圣彼得堡，1911年，第62页。

人们会记得，阿尔达希尔-伊-帕帕坎在波斯湾建造或重建了几个城镇，其中包括乌布拉、里沙赫尔（Rishahr）和霍尔木兹。乌布拉位于波斯湾的顶端，在可通航的阿拉伯河上。这里是东方海路的终点，也是通往阿曼、埃及和叙利亚的商队路线的交汇处，无疑是萨珊帝国的首要港口。

接下来，最重要的港口是位于梅桑布里亚（Mesambria）半岛的里沙赫尔，在今天的布什尔（Bushahr）[1]以南六英里处。在这里发现了许多带有楔形文字的纳骨瓮和砖块，还有雕刻花纹的石头和古代建筑的遗迹。“农民在挖掘时经常看到运河、水渠和古井的遗迹，这些遗迹的规模和结构都比普通建筑好得多”[2]；“人们从里沙赫尔附近的平原上，拿走了许多陶罐，它们是用烤得不好的黏土制成的，里面装满了植物或向日葵（tulah）的种子，一接触新鲜空气，很快就会腐烂”[3]。总之，里沙赫尔繁荣的证据是毋庸置疑的，斯特雷克（Streck）认为：“这个城镇可以追溯到巴比伦的繁荣时期。”[4]

然而，我们关心的不是里沙赫尔的古代，而是它的今天。不是这个城镇可以追溯到多远，而是它可以向前走多远。根据《阿尔达希尔履历》的记载，阿尔达希尔-帕帕坎建立菲鲁扎巴德时，为这座城市挖了一个地下大水库，通过四条地下运河将水输送到这里[5]；《阿尔达希尔履历》还记载，在稍低一点的地方，即使是一条河的河道，也可以通过地下运河将水转移到城市中。[6]与之类

1. 波斯湾北岸沿海城市。——译者注
2. W. 乌斯利：《东方之旅》第一卷，伦敦，1819年，第214页。
3. W. 乌斯利：《东方之旅》第一卷，伦敦，1819年，第215页。
4. 参见《伊斯兰百科全书》中关于布什尔（Bushir）的文章，第802 b页。
5. 《阿尔达希尔履历》，第四章，第17页。
6. 《阿尔达希尔履历》，第四章，第18页。

似，根据伊斯法罕的哈姆扎的说法，阿尔达希尔-帕帕坎用运河灌溉了他在巴林岛建立的巴特·阿尔达希尔城。[1]因此，看来乌塞利提到的里沙赫尔运河，似乎也应归功于里沙赫尔的创始人或修复者——阿尔达希尔-帕帕坎。[2]此外，寇松勋爵认为，在里沙赫尔发现的纳骨瓮中，含有死后曝尸的琐罗亚斯德教徒的遗骸[3]；最后，传统认为，发现的向日葵种子（tulah seeds）应属于那些将这些种子保存在家中的拜火教徒。因为像欧塞利假设的那样，向日葵跟随太阳的方向转动的行为，就像琐罗亚斯德教徒面向太阳朝拜一样。因此，尽管里沙赫尔的繁荣可能并非始于阿尔达希尔-帕帕坎的统治，但肯定是由他维持，甚至复兴的，理所当然地，里沙赫尔也是萨珊帝国的主要港口之一。

现在还剩霍尔木兹没有介绍。霍尔木兹位于波斯湾的入口处，是穆赫斯人、拜火教徒生活的土地，以穆希斯坦这个重要的名字命名，它是海运船舶前往锡兰和“胡椒国”的停靠港，也是船只前往代布勒（Daibul）[4]和古吉拉特的停靠港。霍尔木兹地区的农产品（葡萄酒、小麦、大麦、大米和靛蓝）和矿产（金、银、铜、铁、朱砂和盐）非常丰富，但直到中世纪，它的资源才得到充分开发。

从乌布拉、里沙赫尔和霍尔木兹这些港口出发，宏伟的船队继续向山下的避风港前进到“信德、哈罗塔、卡利亚娜、西博尔，输出胡椒的没来国的五个商市：帕尔蒂（Parti）、门格鲁瑟（Mangarouth）、萨罗帕塔纳（Salopatana）、纳罗帕塔纳

1. 伊斯法罕的哈姆扎著，戈特瓦尔特编译：《编年史》，第49页。
2. 伊斯法罕的哈姆扎著，戈特瓦尔特编译：《编年史》，第48页。
3. 乔治·寇松：《波斯》，卷二，伦敦，1892年，第225页。
4. 位于今巴基斯坦。——译者注

（Nalopatana）、波多巴塔纳（Poudopatana）。接下来到赛勒第巴（Sielediba），即塔普罗巴奈岛（Taprobane）”[1]。而且，根据普罗科匹厄斯的说法，波斯商人的主要目的是搜寻丝绸[2]，由于印度河河口的巴巴里库姆出口丝线[3]，而婆卢羯车（布罗奇港）[4]、穆兹里斯、尼兰达和巴卡尔的马拉巴尔港出口丝绸布[5]，很明显，只有从霍尔木兹到锡兰的沿海航行才能让波斯人垄断印度的丝绸贸易，并控制罗马消费者[6]，对罗马公民来说，丝绸不是奢侈品，而是必需品。换句话说，沿海航行是对萨珊时代后期贸易条件的一种必然回应。[7]

但是，当波斯商人越过希米叶尔商人的限制，直接从中国获得丝绸时，漫长的沿海航行不得不由一条直接而开放的海上路线来代替或补充。可能就是这个原因，与印度和中国的贸易总额逐渐减少。港口从奥博拉迁到邻近的城市巴士拉，由哈里发奥马尔在第一次征服伊拉克（公元636年）时建造而成；它从巴士拉一直向南到达海湾北岸的尸罗夫，从尸罗夫依次到达基什和霍尔木兹。不幸的是，长期以来没有本土的文献保存下来，直到公元851年；商人苏莱曼基于个人观察的记载，是阿拉伯当地人最早的记录，与波斯商人到中国最后的记录同时期，在这里，他记录得十分详

1. 科斯马斯·因迪科普琉斯泰斯著，J. W. 麦克兰登编译：《基督教国家风土记》，英译本第六册，伦敦，1897年，第366—367页。
2. 普罗科匹厄斯著，H. B. 丢盈译：《波斯战史》，第一册，罗马，1914年，第9—12页。
3. 肖夫校注：《厄立特里亚海环航记》，伦敦，1912年，第39页。
4. 肖夫校注：《厄立特里亚海环航记》，伦敦，1912年，第49页。
5. 肖夫校注：《厄立特里亚海环航记》，伦敦，1912年，第56页。
6. 普罗科匹厄斯著，H. B. 丢盈译：《波斯战史》第一册，1914年，第9页。
7. 吉兰的丝绸文化在萨珊统治的末期引入。从中文史料中可以看出，丝绸文化是公元419年一位中国公主首次引入和田的。蚕似乎从和田向西传播到叶尔羌，从那里再向西传播到费尔干纳和吉兰。”施皮格尔（Fr. Spiegel）：《古代伊朗》（*Eranische Alterthumstunde*）第一卷，莱比锡，1871年，第256页。

细[1]：

至于船舶的来处，他们提到货物从巴士拉、阿曼及其他地方运到尸罗夫[2]，大多数中国船只在此装载货物，因为这里巨浪滔天，在许多地方淡水稀少。巴士拉至尸罗夫水路有一百二十法尔萨赫。货物装运上船之后，装上淡水就抢路。航海的人们常用一句话，意思是扬帆开船去阿曼北部一个叫马斯喀特的地方。尸罗夫到马斯喀特大约有二百法尔萨赫。在这一海域的东部，介于尸罗夫和马斯喀特之间，其他地方之外，还要经过巴努-萨发克海岸和阿巴卡文岛，在这片海域中有阿曼暗礁群，当中一处叫作漩涡谷。紧夹在两个暗礁之间的航道，只有小船才能通过，中国船是无法通过的。[3]这两个暗礁被命名为折腰和独眼（科萨依和奥瓦依），只有一小部分露出海面。通过这些暗礁，我们便来到阿曼的苏哈尔，我们从马斯喀特的一眼井中装载淡水……从马斯喀特前往印度，

1. 裕尔：《东域纪程录丛》，第一卷，伦敦，1915年，第84—85页。

2. 尸罗夫在祖海尔海岸，在纳班德的西北部，在凯斯岛（或基什）崛起之前，该岛是4世纪波斯湾的主要贸易场所。伊斯塔克里说："尸罗夫，其面积和辉煌程度几乎比肩设拉子；这些房子是用从桑给巴尔带来的柚木建造的，有几层楼高，可以俯瞰大海。"作者写道，他认识的一个商人花了3万第纳尔买房子，尸罗夫商人是所有波斯人中最富有的。麦格迪西说尸罗夫在商业上是巴士拉的竞争对手；那里的房子是他见过最好的。G.le 斯特兰奇（G.le Strange）：《阿拉伯东部历史地理研究》，第258—259页。

3. 中国船从这里出发驶往中国，这些船只属于中国。这些船的体积很大。法显离开了师子国（公元412年），坐上了一个大商船，船上有200多人。大卫·贾尔斯（H. A. Giles）译：《法显行记》（399—414）（*The Travels of Fa-hsien*），剑桥，1923年，第76页。译者注：《佛国记》：即载商人大船，上可有二百余人。后系一小舶海行艰崄。以备大舶毁坏。

先开往故临（Kūlam-Malī）[1]：从马斯喀特到故临的航程，中等风力需时一月。在故临我们加足淡水，然后开船驶往海尔肯德海（the Sea of Harqand）[2]。越过海尔肯德海，便到达名叫朗迦婆鲁斯岛（Langābālūs）[3]的地方，那里的居民一丝不挂，既不懂阿拉伯语，也不懂商人们所能讲的别的语言……船只从朗迦婆鲁斯岛前往箇罗国（Kalah-bār）[4]。“bar”的意思是“王国”与“海岸”，箇罗国是扎比季（Zābij）[5]王国的属国，位于印度的东边。

1. 奎隆（Quilon），亦即科斯马斯笔下的的Male。见雷诺,卷49，1845年，第16页。用كوكم ملي（Kukam-mali）代替كولم ملي（Kullam mail）。誊抄者自己也煞费苦心地在空白处写道：“كولم ملي应该被读出来。”令人惊讶的是，Reinaud和Langle都没有注意到与正文在同一部分里的旁注。Logan先生认为Kulam一词来自泰米尔语中的Kollam，这是Koyilagam或Kovilagam的缩写形式，意为“国王之家”。考德威尔主教认为，Kulam最好被解释为“官殿”或“皇宫”，从Kolu一词演变而来。Kolu，意为皇室的接待厅。参见*Hobson-Jobson*，Quilon部分。

2. 即孟加拉湾。

3. 尼科巴群岛中的一个岛屿。خيج بالوس（Reinaud，第一卷，第17页）修正为جنل بالوس，然后改为اكنل بالوس（费琅，*T'ext*. Geog.，第一卷，第27页，n. 8）。Balus即Barūs或Baros，在苏门答腊岛的西海岸，是位于Batak的小镇。（费琅，*T'ext*. Geog.，第一卷，第27页，n. 5）。نك代表一个鼻音+一个深喉音，即-ng（费琅，*T'ext*. Geog.，第一卷，第27页，n.8）。“将Lankha和Nakkavaram两个历史悠久的词比较，加之当地人裸体的缘故，可能这个名字参考了（nangà）一词。根据曼恩先生的说法，该词的词源可能是尼科巴群岛上的两个词，即“一颗成熟的椰子”（*ngoat*）和“一颗半成熟的椰子”（*ni-nau*），尼科巴群岛长期以来因其椰子的优良品质而闻名。

4. Bar是后缀；箇罗（Kalah）也叫Kalä、Kilä，或Killah，在马六甲，Kèdah（=Quedah），Kérah（=Kra）。“他试图确定箇罗位置——Reinaud and Dulaurier认为在锡兰（与Ghali港、Galle、加勒（Galle）角等混淆）、Renaudot认为在马拉巴尔、Gildemeister认为在科罗曼德尔——这几种观点现在应该被明确拒绝，因为是错误的。”见《伊斯兰百科全书》中关于箇罗的文章。显然，伊斯兰百科全书的贡献者之间缺乏合作，因为在关于中国的文章中，在这本百科全书中（第841页），箇罗被称为Galla，与加勒角混淆了。

5. Zabij又称爪哇（Java），见费琅：*T'ext*. Geog.，第一卷，第11页。

然后商船从箇罗国向潮满岛（Tiyūma）[1]前进，如果需要的话，那里也有淡水；这段路程需要十天。接着，我们起航去奔陀浪山（Kundranj）[2]，又是十天的时间。随后，船只航行了十天，到达一个叫占婆（Sanf）[3]的地方，该地可取得淡水。得到淡水以后，我们便向一个叫占不牢山（Sundur-fūlāt）[4]的地方前进，这山是海中一个小岛；十天之后，到达这一小岛。

然后，向着桑吉海（the Sea of Sankhī）[5]前进，穿过“中国之门”，这里，暗礁林立，中间被一个通道隔开，船只可以由此通过。船只通过中国之门后，便进入一个江口，在中国地方登岸取水，并在该地抛锚，此处即中国城市广州。[6]但由于要按七天一段，分期穿过层层暗礁[7]，因此从占不牢山扬帆去中国，需要一个月的时间。

这种叙述的可靠性得到了尸罗夫的阿布·扎伊德·哈桑的证实。“我仔细检查了，”他说，“我奉命阅读了这本书，以便证实作

1. 又称提由曼（Tiuman）岛，在马来亚半岛的东南海岸。
2. 奔陀浪山（Kundranj）位于湄公河三角洲上。见费琅：*T'ext*. Geog.，第一卷，第30页，n. 4。
3. 即柬埔寨。见费琅，*T'ext*. Geog.，第一卷，第30页，n. 4.
4. 即保罗·孔德雷岛（Poulo Condore）。
   今越南头顿市昆宋岛。——译者注
5. 即中国海，今南海。
6. Khanfu“无疑是广州”。裕尔《东域纪程录丛》，第一卷，n. 3，1915年，第89页。已经确定了Khanfu与杭州府有关。但是“所有这些猜测都被伊本·胡尔达兹比赫的记载改变了。(Bibl. Geog. Arab., VI）因此以下几点是肯定的：Khanfu，无疑是广州，Kansu，我们认为是伊本·白图泰记载的Khansa；后者显然指杭州”。马丁·哈特曼，关于中国的文章，见《伊斯兰百科全书》，第842a页。
7.《苏莱曼东游记》，第一卷，巴黎，1845年，第14—21页，见雷诺多：《航海交流史》，巴黎，1845年。

者所说的话。我发现它写于回历237年（公元851年），作者给出的关于海洋事物的描述，在他的时代是非常真实的，我是从那些自伊拉克出发，航行在这些海上的商人那里听到的。”[1]

但无论这个阿拉伯文记录的价值如何，它都不是绝对正确的。例如，从潮满岛到广州的航程估计需要两个月。现在有独立公正的证据表明公元671年波斯船只通常在20天内，有时在30天内，就能从广州驶往室利佛逝（苏门答腊）；或者，换句话说，公元851年的阿拉伯水手航行所需时间是公元671年的波斯水手的两倍甚至三倍。

毫无疑问，阿拉伯人近岸航行，而波斯人是远洋航行。但即便如此，阿拉伯人从占不牢山到广州的航行是在一个月内完成的，而波斯人从室利佛逝到广州的航行则需要更长的时间在同一条路线上的距离甚至只用了20天，有时30天。因此，要么是波斯的船只比阿拉伯的快，要么是苏莱曼的证据不可靠，尽管表面上看起来很有价值。

现在，根据，圆照在9世纪初编纂的《贞元新定释教目录》中提到，大约在717年，金刚智和35艘波斯船，在一个月内自锡兰抵达室利佛逝。由于义净说，公元671年，他乘坐一艘波斯船从广州用了20天航行到室利佛逝，所以一艘7世纪或8世纪的波斯船似乎花一个月或20天的时间就可以从锡兰航行到广州。另一方面，851年，据苏莱曼说，他乘坐阿拉伯船只，花了不到三个月的时间

1. 尸罗夫的阿布·扎伊德·哈桑：《中国印度见闻录续编》，第60—61页，见雷诺多《航海交流史》，巴黎，1845年。

来完成同样的距离。[1]很明显，1∶2的差异不能完全归因于苏莱曼不准确及早期阿拉伯人的沿海岸航行，因此，波斯人在南海的航行不仅早于阿拉伯人，而且技术上更优越。

然而，更合适的不是将波斯人与公元751年第一次在中国出现的没有经验的阿拉伯人相比，而是将波斯水手与更古老的中国航海家比较，他们的帆船在公元前2世纪甚至更早的时间就出现在马拉巴尔了。法显写道："从爪哇[2]到广州的正常航行时间是五十天。"[3]这时大约是在5世纪初，在波斯人到达南海之前。但在公元671年，当广州和苏门答腊之间的航线由波斯商人控制时，50天的航行已经减少到30天甚至20天。时间节省了一半甚至更多，因此除非义净的记载是完全错误的，否则波斯水手的航海技术似乎好于之前的中国水手，更远优他的继任者阿拉伯水手。这是当年的阿拉伯人和中国人在他们的记载中提供的证据。

1. 根据苏莱曼的说法，从故临到广州的航行花了3个月零10天。然而，在不同的阿拉伯作家笔下航行时长有相当大的差异。根据伊本·胡尔达兹比赫的估计：

从锡兰到朗迦婆鲁斯岛，为期10—15天。

从朗迦婆鲁斯岛到箇罗国，为期6天。

从箇罗国到马吉特（Magit），用时未知。

从马吉特到潮满岛距离很短；据伊德里西说，仅用一天。

从潮满岛到垓玛尔（Qumar），5天。

从垓玛尔到占婆，为期3天

从占婆到鲁金（Luqin），100法尔萨赫。

从鲁金到广州（Khanfu）4天。

从广州至汉久（Khanju）8天。

将苏莱曼的时间缩短了一半，但不像斯普林格所说的那样，在此处，只用了三分之二的时间。

译者注：宋岘先生认为，鲁金即唐代的龙编，今越南河内；汉久疑为杭州，但更可能为福建的某城市，待考。见宋岘译注：《道里邦国志》，中华书局，1991年，第72页。

2. 《佛国记》原文为"耶婆提"，该句原文为"商人议言：常行时政可五十日便到广州"。

3. 大卫·贾尔斯译：《法显行记（399—414年）》，剑桥，1923年，第79页。

图姆巴图清真寺坐落在离海几英尺的地方，在海边一个隆起的小高地顶端。出现这种建筑靠近大海的情况意义重大，因为这表明建造者属于一个拥有制海权的种族。

——皮尔斯（*F. B. Pearce*）：《桑给巴尔》（*Zanzibar*）

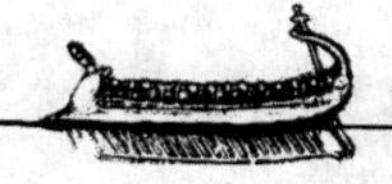

10—16世纪的波斯航海史

قطب الشمال
معدل النهار

> 有人可能会说，伊斯兰教在海上的推进是一个自发的过程。当穆斯林征服了南巴比伦和波斯湾的主要城镇时，他们立马发现：除非不想保护自己新赢得的阵地，否则就得被迫继承这些土地的航海传统。船只的管理和航行守则自然没有立即改变，通常它们似乎仍像从前一样继续下去。如果经验丰富的老水手不接受这种新宗教，那么从他们的同胞中就可以找到接替他们的人。不能想象阿拉伯人已经开始航海了；阿拉伯当地的居民，也就是汉志地区和叙利亚草原上的居民，作为水手都一样毫无用处。船上的船员一定是从阿拉伯南部海岸和波斯湾沿岸的居民中招募来的。我们也许会发现波斯元素占优势的证据，因为在较为古老的阿拉伯语文学中，“船主”一词是“*nākhudā*”。[1]

哈特曼的推理很大程度上是先验的，但这一推理不是假的：有阿拉伯作家的证据证实，穆斯林船只的船员确实是从阿拉伯南部海岸和波斯湾沿岸的居民中招募的，造船者和海员中，占优势的无疑是波斯人。阿布·穆罕默德·伊本·麦格迪西在他于公元985

1. 马丁·哈特曼，关于中国的文章，《伊斯兰百科全书》，第844a页。

年创作的地理著作《各地知识的最佳分类》中提到：

不考虑航船对岛屿和深海偶尔的探索，我已完成从基祖姆（al-Quizum）到阿巴丹的，环绕整个阿拉伯半岛的航行[1]，这样，我就加入了水手长、领航员、代理人和商人的行列。他们在这里出生、长大，对这片海、锚地、风和岛屿有最清晰、最充分的了解。我向这些人提出了关于位置、特点和范围的问题。我还在他们的航海图表和航海目录中看到，他们一直在持续关注、潜心研究相关信息。因此，我仔细辨别，密切关注相关资料，从这些资料来源中，得出了一个包含我所能获得的最丰富信息的结论，后来，我将它与之前已经提到过的图表进行了比较。[2]

那么，这个由一位著名的地理学家从现场收集的资料中提供的信息是什么呢？

世界上的两个主要港口是亚丁和苏哈尔。亚丁和吉达的大部分居民是波斯人，但语言是阿拉伯人；然而，在苏哈尔，他们用波斯语互相说话、吆喝。[3]苏哈尔是阿曼的首都。现在在去往中国的海域内已经没有比这更重要的城镇了。它是一个财富丰饶、商人众多的城市，也是一个盛产水果和自然资源的地方。它比扎比德（Zabid）和桑阿（San'a）还要大；它有极好的市场，而且沿着海岸布置得很漂亮。它高耸而华

1. 基祖姆位于红海的顶端，阿巴丹位于由底格里斯河和杜贾尔河（卡伦河）的河口形成的岛上。

2. 麦格迪西：《各地知识的最佳分类》，莱顿，1906年，第10—11页。

3. 麦格迪西：《各地知识的最佳分类》，莱顿，1906年，第96页。

丽的房子是用烧砖和柚木建造的。它的清真寺位于市场远端的海边，其上有一个美丽的尖塔。他们有咸味但可饮用的水井，一条淡水运河，各种各样的水源比比皆是。苏哈尔是前往中国的门户，也是东方和伊拉克的市场；它还为阿曼提供了生活必需品。波斯人在这里是老大。[1]

同样，在吉达，居民主要是商人和富人。因为吉达是麦加的粮仓，还是也门和埃及的商业中心。“波斯人是统治阶级，住在华丽的宫殿里。”[2]在10世纪的阿拉伯海洋贸易中，波斯元素占据如此优势可能令人惊讶，但麦格迪西明确指出：“那些前往哈贾尔和阿巴丹的人必须经过法尔斯、科尔曼和提兹穆克兰（Tīz-Mukrān）沿途的海洋，事实上，许多人用法尔斯海的通称来称呼远至阿曼海岸的这部分海洋；而大多数造船工人和水手都是波斯人。”[3]因此，沿着波斯湾外围和阿拉伯半岛的南部海岸的地点航行的船只，大部分都是由波斯人操纵、拥有或建造的，可见，显然有相当一部分的贡品要支付给西拉夫和阿曼[4]的水手，他们的航运，以及从箇罗[5]到库尔祖姆、阿巴丹到索法拉[6]的收获，都必须归功于波斯人，尤其是大多数的船长和海上商人。

在这里引用一位好奇心旺盛的波斯船主（*nākhudā*），来

1. 麦格迪西：《各地知识的最佳分类》，莱顿，1906年，第92页。
2. 麦格迪西：《各地知识的最佳分类》，莱顿，1906年，第79页。
3. 麦格迪西：《各地知识的最佳分类》，莱顿，1906年，第18页。
4. 马苏第著，梅纳德编：《黄金草原》，第一卷，巴黎，1864年，第281—282页。尸罗夫和阿曼的水手们（航行）到中国、印度、信德、阿扎尼亚、阿拉伯、埃塞俄比亚和阿比西尼亚海域。
5. 马苏第著，梅纳德编：《黄金草原》，第二卷，巴黎，1864年，第52页。尸罗夫和阿曼的水手们定期航行到箇罗（马六甲）和扎比季（爪哇）。
6. 马苏第著，梅纳德编：《黄金草原》，第三卷，巴黎，1864年，第6页。索法拉（Sofala）是赞吉（Zanj）诸国最远的边界。阿曼和尸罗夫人的船只去了那里，这是他们航行的极限。

自拉姆-霍尔木兹的布祖格·伊本·沙赫里亚尔（Buzurg b. Shahriyār）的作品。在他的《印度奇闻录（*Ajā'ibu'l-Hind*）》（一部大约写于公元10世纪中叶的作品）中，这类人似乎也是波斯血统。[1]而且，根据艾布·斐达（Abū'l-Fidā）《列国地域志》中引述的穆海莱比（al-Muhallabī）的说法，这座岛，或者更确切地说即箇罗港，有一群波斯商人。[2]根据麦格迪西的说法，苏哈尔、亚丁和吉达港的波斯殖民者已经上升到了商人、王子的级别。因此似乎没有其他的结论是可能的，直到公元10世纪，波斯人承载了南海和西海岸的穆斯林商业贸易。

当代地理学家对这种贸易进行了详细描述，但是由于亚丁和苏哈尔控制着红海和波斯湾与非洲和远东的海上贸易，因此成为世界上的两个主要港口，此外，由于在这种海上贸易的繁荣中，波斯无疑占有很大份额，因此只需要描述得当以下两个地方的出口。

> 向阿曼出口以下物品：药剂师的药物、各种香水（甚至包括麝香）、藏红花、白香、柚木、桑姆木（印度香木）、象

1. 他们的名字分别是（1）Abū Muhammad al-Hasan b. 'Amr b. Hammawīya b. Harām b. Hammawīya of Najīram（2）Abù Àbdullah Muḥammad b. Bābshād b. Haram b. Hammawiya of Sīrāf（3）Abū'z-Zahr al-Barkhati（4）Abül Hasan 'Ali b. Shadan of Siräf（5）Ardanshäh（6）Yunus b. Mihran of Sīrāf（7）Dārbazīn（8）'Abbās b. Māhān of Saimūr（9）Abdul Wāḥid b. 'Abdur-Raḥman of Fasā。

2. 艾布·斐达著，雷诺多编：《列国地域志》，巴黎，1840年，第375页。箇罗岛是阿曼和中国之间的一个港口，那里产锡，因此值得关注。阿齐兹的穆哈拉比（al-Muhallabi in the 'Azizi）说："箇罗岛位于印度洋，是一个繁荣的城市，居住着穆斯林、印度人和波斯人；岛上有锡矿、种植园和樟脑树；箇罗岛和马哈拉季岛（苏门答腊岛）之间的距离是二十法里。"根据哈吉·哈利法（Haj Khalifa）的*Kash fu'z-Zunün*记载（*ed. G. Fluegel, Vol. 5,* London, 1850, p. 512），*al-Masalik wa'l-Mamalik*，通常被称为"*Azizi*"，由哈桑·本·艾哈迈德·穆哈拉比（Hasan bin Ahmad Muhallabi）为纪念埃及法蒂玛王朝国王阿齐兹·比拉（Al-'Aziz Billäh，975—996年）而创作。

牙、珍珠、织锦、玛瑙、红宝石、乌木、椰子、糖、砂、木、花生、沉香、铁、铅、手杖、陶器、檀香木、玻璃、胡椒和其他物品。此外，向亚丁出口龙涎香（称为细麻布衣服）、皮扣、阿比西尼亚奴隶、太监、虎皮和其他物品……中国商品是众所周知的有名，看看这里的谚语："他们以商人、王子的身份来到你面前。"[1]

麦格迪西没有说明他在海员手中看到的航海图和航海目录是否是波斯人的，但是费琅的研究已经相当清楚地阐明了这一点。[2]航海专著《航海原理及准则》（*Kitābu'l-fawā'id fī usūli'l-ilmi'l-baḥrī wa'l-qawā'id*）在回历895年（公元1489—1490年）由两个阿拉伯人伊本·马吉德（Ibn Mājid）和苏莱曼-马赫里（Sulaiman al-Mahrī）创作，书中提到穆罕默德·本·沙罕（Muḥammad bin Shādhān）、萨尔·本·阿班（Sahl bin Ābān）和莱斯·本·卡兰（Laith bin Kahlān）合作的作品，称为《拉赫马尼》（*Rahmānī*），或称《拉赫马纳季》（*Rahmānaj*），写于回历580年（公元1184—1185年），由莱斯·本·卡兰的孙子抄写，该书曾被马吉德看到过。[3]《拉赫马尼》（或《拉赫马纳季》）是一本航海专著，这本书在阿拉伯航海专著《航海原理及准则》中经常被引用。此外，伊本-穆贾维尔（Ibnu'l-Mujāwir［ابن المجاور］），创作于回历630年的《超强洞察史（تاريخ المستبصر）》一书中，描述了关于七

1. 麦格迪西：《各地知识的最佳分类》，莱顿，1906年，第148页。

2. 费琅：《15、16世纪阿拉伯航海文献中的波斯成分》（*L'Élément Persan dans les textes Nautiques Arabes des xve et XVIe siècles*），《亚洲杂志》（*Journal Asiatique*），1924年4—6月号，第196—235页。

3. 费琅：《15、16世纪阿拉伯航海文献中的波斯成分》，《亚洲杂志》，1924年4—6月号，第196页。

种生活在沿海地区的鸟类，“书的作者叫拉赫马纳（Rahmana），”他说，“当旅行者在这片海域航行时，海中的七种鸟儿告诉他，他在索科特拉岛（Socotra）附近。”[1]《拉赫马尼》或《拉赫马纳季》不仅仅是一篇航海专著，还是一篇波斯航海专著，因为《珍宝词典》（*Tāju 'l-Arūs*）中明确指出，“拉赫马纳季”的词源是波斯语“rāh + nāma”，意为《道路之书》[2]，最后，波斯航海专著《道路之书》在12世纪广泛使用，否则，《超强洞察史》的作者伊本-穆贾维尔既然不是水手，怎么会知道这样的一本专门著作，或者在这本书没有注释时就提到它呢？因此，费琅认为：

> 《拉赫马纳季》（《道路之书》）是一系列阿拉伯航海指南标题的集结，属于12世纪的作品。这一信息在13世纪被伊本-穆贾维尔的《超强洞察史》中的一篇文章明确地证实。阿拉伯航海专家给起源于阿拉伯地区的书起这样一个标题是不太可能的。我的意思是，这本书不太可能是用阿拉伯语构思的，由阿拉伯人写的，远离所有波斯人的影响。12世纪的水手，比如阿拉伯南部的水手，是不可能出版用双语写作的书的，这仅仅是因为懂波斯语被看作是一种荣耀。在这类书中，作者力求清晰易懂，对一个受过中等教育的船长来说，这些文字简明清晰，容易理解。人们很难相信，为他们自己的帆船准备的说明会被称为“航海指南”，在文章后面还附有法语

1. 费琅：《15、16世纪阿拉伯航海文献中的波斯成分》，《亚洲杂志》，1924年4—6月号，第213页。

《超强洞察史》又称《也门、麦加与部分汉志地区志》（صفة بلاد اليمن ومكة وبعض الحجاز）。——译者注

2. 费琅：《15、16世纪阿拉伯航海文献中的波斯成分》，《亚洲杂志》，1924年4—6月号，第212页。

版本。正确解释似乎是这样的：来自波斯湾的老波斯水手使用了名叫《拉赫马纳季》(《道路之书》)的航海指南。在某个时候，它们被翻译成阿拉伯语，供阿拉伯水手使用，这些指南的原始名字也转而以原有的形式保存了下来。换句话说，12世纪的阿拉伯航海指南是基于波斯语的航海文本编写的。[1]

然而，《道路之书》并不是仅仅在阿拉伯的作品中才被提到，我在试图研究波斯诗人的航海词语时，在来自占贾（Ganja）的诗人尼札米（Nizāmī）的《伊斯坎达-纳玛》(*Iskandar-nāma*）中，也发现了这个有趣的信息[2]：

亚历山大是如何去印度和中国，是如何在海上航行的。

他从海边来到深海，在波涛汹涌的海面上，抛下了一个包袱（即放下了一艘船）。

世界之王（亚历山大）愉快地沿着咸海行驶，船在海面上跳跃；好极了，船长（熟练的）手！

当船在海里航行不远时，出现了一股洋流；

它把海水冲向周围的海洋，一旦去了那里，所有人都不可能回来。

那些熟悉当地的老航海家，被那危险的地带吓坏了；

当他们再次翻阅《拉赫纳玛》时，他们发现他们必须返航。

远处有一个岛屿，像火焰一样，闪耀着光芒。

1. 费琅：《15、16世纪阿拉伯航海文献中的波斯成分》，《亚洲杂志》，1924年4—6月号，第234—235页。

2. 引文见印度利顿图书馆（Lytton Library）来自阿利加尔（Aligarh）地区的一个未编号文献。参见印度事务部（India Office MSS），Ethé 972 f. 408a；Ethé 973 f. 357b—358a。

他们在那里待了一段时间，（在船上的）所有人都被周围的大海吓倒。

一位经验丰富的老水手对消息灵通的国王说：

“这个临时避难所岌岌可危，根据《拉赫纳玛》的说法，这已是最后一个港口了。”

不要冒险，因为这个海湾的水正在流向周围的大海。

如果我们再往前走，我们就找不到下一个的港口了。

当亚历山大知道超越洋流是不可能的时候，

他下令在此制作一个神秘的幻象，让他举起手作为警告：

“这是航海的极点，没人知道继续向前是什么情况。”

《伊斯坎达-纳玛》，又称《亚历山大罗曼史》，写于回历587年（公元1191年）。[1]这是最早提到《拉赫纳玛》的书，因为《超强洞察史》和《海洋学的益处和原理》在写作时间上比《伊斯坎达-纳玛》分别晚43年和308年。现在，《拉赫纳玛》被认为是莱斯·本·卡兰写的，他的孙子在回历580年转录了一份副本。我们把一代人的时间算作30年，因为在东方，成熟来得很早，莱斯·本·卡兰一定是在回历520年左右写成的。但是，一个在回历520年写成的航海指南，不可能在回历587年左右就已经广为流传，以至于像诗人尼扎米这样的生活在内地的人都能在诗中的一个小节里引用两次。因此，这本书一定存在于它所谓的创作日期之前，或者，换句话说，正如费琅总结的那样，莱斯·本·卡兰的《拉赫纳玛》不是一部原创作品，而是一部丢失的巴列维语作品《拉赫纳玛》的阿拉伯语译本。而这本《拉赫纳玛》，包含了

1. 布朗尼：《波斯文学史》，第二卷，第100页。巴赫尔已根据内部证据确定了写作日期。

关于生活在沿海地区的鸟类、港口和洋流之类的信息，根据它自己的标题，它认为海洋不是一个屏障，而是一条商贸通道，可见，这本书一定是南海航行的绝对权威，因为如果不是这样的话，除了被阿拉伯人的航海指南引用，为什么它还要全文被翻译成阿拉伯语呢？

关于一艘船如何在海中航行的问题是未知的，因为波斯人的原作已经不可挽回地丢失了，因此要写一部关于波斯船只的历史要比写波斯航运的历史困难得多。例如，麦格迪西就提到了36种不同种类的船：

> 萨菲纳（*safīnah*），贾苏斯（*jāsūs*），扎拉克（*zawraq*），拉吉亚（*raqqīyah*），塔拉瓦（*talawwā*）、伊尔达斯（*irdās*），塔亚（*tayyār*）、扎布扎布（*zabzab*）、喀拉瓦尼亚（*kāra wānīyah*）、穆萨拉塔(*muthallathah*)、瓦西提亚（*Wāsitīyah*）、马尔库塔（*malqūtah*）、尚库利亚（*shankūlīyah*）、布拉利亚（*burākīyah*）、海提亚（*Khaitīyah*）、沙穆特（*shamūt*）、穆萨巴希亚（*musabbahīyah*）、贾巴里亚（*jabalīyah*）、马克尔亚（*Makkīyah*）、兹巴迪亚（*zīrbādīyah*）、巴尔卡（*barkah*）、舒齐亚（*sūqiīyah*）、玛巴（*ma'bar*）、瓦拉吉（*walajīyah*）、泰拉（*tairah*）、巴拉尼（*barānī*）、沙布（*shabū*）、马卡布（*markab*）、沙得哈（*shadhā*）、布尔玛（*burmah*）、加里布（*qārib*）、杜尼季（*dūnīj*）、哈马马（*hamāmah*）、申尼

（*shīnī*）、沙兰迪（*shalandī*）、比拉贾（*bīrajah*）。[1]

这份名单告诉我们，此时的阿拉伯半岛沿岸，大多数造船商都是波斯人，可这些船连一个波斯名字都没有，出现一个波斯名字就像是外星人的入侵一般。因此，需要更多的材料来解释大多数波斯造船厂生产了绝大多数阿拉伯船只的反常情况，还需要更多的材料来给出真正波斯船只的结构和分类。但是这种材料并不容易获得，我们也不可能据此讨论这种情况是反常的，或者本来就是这样的。

的确，波斯造船厂的优势从来没有像在波斯人在海上航行那样有机会很好地展示出来，特别是在10世纪后，波斯人被迫进入大海谋生，表现得甚至比之前主动进行航海活动时还要成功。因为，当法尔斯和科尔曼的海商仅仅获得阿曼、也门等地的商人、王子地位时，波斯人，或者更确切地说是来自设拉子的移民，已经在奔巴（Pemba）、桑给巴尔（Zanzibar）、布拉瓦（Brava）、摩加迪沙（Mogadishu）和基尔瓦（Kilwa）升任当地的统治者了。基尔瓦的历史[2]，由桑给巴尔的谢克·穆乌丁（Shaykh Muḥīu'd-Dīn）于1862年根据一部名为《基卢瓦基西瓦尼的路（*Sīratu'l-Kilawīyah*）》的遗失的阿拉伯历史资料编纂的。

> 历史学家说，首先来到基尔瓦的是一艘船，据船上的人说，他们来自波斯的设拉子。据说当时有七艘船，一艘去蒙达哈岛（Mundakha），第二艘去肖古（Shawghu），第三艘到扬布（Yanb'a，即奔巴），第四艘到孟法萨（Munfasa，即

1. 麦格迪西：《各地知识的最佳分类》，莱顿，1906年，第31—32页。
2. 谢克·穆乌丁（Shaykh Muḥīu'd-Dīn）：《基尔瓦史》（*The History of Kilwa*），*J.R.A.S.*，1895年，第411—413页。

蒙巴萨Mombasa），第五艘到绿岛（桑给巴尔），第六艘到基尔瓦，第七艘到欣扎万（Hinzawan）。他们说这六艘船上的人都是兄弟，去欣扎万的船，船长是他们的父亲。这些人离开他们的祖国波斯设拉子的土地，其原因是他们的苏丹名叫哈桑·b·阿里，是六个儿子的父亲。阿里自己是家族里第七个人……苏丹对他的儿子们说："我建议从这个城市移民到另一个城市……（他们都同意了），经过陆地来到一个港口，登上了七艘船，在上帝的指引下离开了。他把儿子们扔在萨瓦希尔（Sawāhil，东非沿岸）的土地上，几艘船就分开了，来到我们刚才提到的国家。

这是第六艘船，载着阿里，即哈桑·b·阿里的儿子。船在基尔瓦抛锚。基尔瓦通过一块狭窄的陆桥与非洲大陆相连，由阿尔穆利部落的一名首领拥有。在基尔瓦有一座清真寺和一个穆斯林家庭，在这个家庭的族长的帮助下，这个新来的人成功地谈判了用彩色布匹换取基尔瓦的统治权，并通过破坏与大陆连接的陆桥保护基尔瓦免受攻击。因此，设拉子人在基尔瓦建立后的第三个世纪中叶[1]，开始在东非赞吉海域进行统治。[2]

阿里将他的影响力扩展到了蒙巴萨，并统治了基尔瓦40年。在他的五个儿子中，穆罕默德在蒙巴萨担任了两年半的总督，接

1. 译者注：基尔瓦在公元8世纪前后建立，公元11世纪，波斯人开始统治基尔瓦。

2. 谢克·穆乌丁：《基尔瓦史》，*J.R.A.S.*，1895年，第414页。但是，根据皮尔斯少校的说法，基尔瓦成立于975年。见《桑给巴尔》，伦敦，1920年，第345页。

着巴沙特（Bashat）担任蒙巴萨总督，后来担任蒙巴萨国王四年半，而阿里二世，巴沙特的儿子，他继承了他的祖父在基尔瓦的王位。阿里二世统治了四年半，之后是他的叔叔达乌德（Dā'ūd）统治，在统治了两年后，他让位给他的儿子阿里三世，他是阿里二世的堂兄弟。

同样，基尔瓦之后的历史也列举了基尔瓦国王在位的年数。对于一份未注明日期的匿名记录来说，僭取历史的头衔似乎有些冒昧，因为难以捉摸的英雄哈桑或侯赛因甚至无法辨认，但这份记录基本上是正确的，这从几个方面得到了证实。首先，因为所有的米特佩（*mitepe*），或称本土船只，仍然悬挂着白色的三角旗和一面红旗，以纪念住在东非海岸尚加亚（Shangaya）的波斯苏丹阿里。[1]在这一点上不难看出，阿里是基尔瓦的传统创始人。第二，因为奔巴和桑给巴尔的设拉子人后裔，即瓦彭巴（Wapemba）人、瓦哈迪姆（Wahadimu）人和瓦通巴图（Watumbatu）人，仍然保留着过去不同时期刚坐船从设拉子抵达这里时的传统。“在许多现代当地人的独立叙述中，他们当然从来没有听说过基尔瓦编年史，但他们口中的名字同样也出现在史料中；人们经常说，一些原始移民留在一个地方，而队伍的其他人继续向更南的地方进发，并在沿海其他据点建立城市。”[2]第三，因为《基尔瓦史》所列出的之后的部分苏丹的名字，与在马里亚岛海岸捡到的无数铜币上的符号一致。第四，因为写于9世纪的《酉阳杂俎》中，关于拨拔力国的记载：“波斯商人欲入此国，围集数

1. F. B. 皮尔斯：《桑给巴尔》，伦敦，1920年，n. 1，第29页。
2. F. B. 皮尔斯：《桑给巴尔》，伦敦，1920年，n. 1，第29页。

千，人斋继布，没老幼共刺血立誓，乃市其物。”[1]第五，也是最后一点，因为在阿扎尼亚沿岸、桑给巴尔岛、奔巴岛和马菲亚岛上，都有大量的、确凿无疑的设拉子人占领留下的遗迹。

这些文物有两种——可移动和不可移动。除了奔巴、桑给巴尔和东蓬多兰（Eastern Pondoland）的玛瑙珠（南非博物馆认为是波斯制造的），从11世纪到15世纪，在东非的几个地方都发现了波斯制造，带有蓝釉和镶嵌装饰的陶器。波斯器皿的存在本身并不排除阿拉伯人运输的可能性，但在东非的土地上却有设拉子人的城镇建筑遗址，内部建有清真寺和坟墓。

> 毫无疑问，波斯人，或者说是设拉子人，很早就到达了非洲东海岸。斯图尔曼教授举例说，在接近6世纪的时候，当地就引入了石质建筑艺术，可以生产石灰、水泥，制作木雕，纺织棉花。在9世纪到12世纪期间，他们在阿扎尼亚海岸及桑给巴尔、奔巴和马菲亚等岛屿上建造了许多清真寺，在14世纪末，当地达到了名声的顶峰。
>
> 当地建筑风格的主要特点是尖拱，自由使用带有装饰的石灰石作为柱子和门廊的边缘。利用方形穹顶和楼层隔梁形成的矩形壁龛，不同于阿拉伯风格的圆形或尖顶壁龛。还有矩形窗户，尖顶和分离的拱顶石非常独特。另外可以注意到，门道和拱门的石板和模制物通常是以小于直角的85°角切割。这些典型的特征之外，精致的设计彰显着设拉子的建筑作品不同于东非建筑中的所有其他风格。根据桑给巴尔和奔巴遗址的建筑风格对其进行分类，我们发现最古老的建筑是最具

1. 夏德、柔克义：《赵汝适及十二、十三世纪的中国与阿拉伯贸易（诸蕃志）》，圣彼得堡，1911年，第129页。

艺术价值的，是由设拉子人设计的；这个建筑时期之后的时期大概被称为阿拉伯-设拉子时代，而之后又反过来让位于建筑粗糙的阿拉伯-非洲时代。值得注意的是，几乎苏丹国（桑给巴尔）的每个城镇遗址都建在岛上，或者在涨潮时几乎被大海包围在半岛上。[1]

在阐述自己的观点时，皮尔斯少校引述了伯顿、斯特兰德斯和斯图尔曼研究的观点，在桑给巴尔逗留期间，他作为英国居民，进行了实地观察。保险起见，这里只考虑了公认为波斯风格的那种建筑。例如，恩达戈尼（Ndagoni）和通戈尼（Tongoni）带柱子的陵墓，以及图姆巴图（Tumbatu）、恩达戈尼、奇瓦卡（Chwaka）、基尔瓦和基尔瓦·基西瓦尼（Kilwa Kissiwani）被毁的清真寺。斯特兰德斯（Strandes）博士这么形容基尔瓦一座设拉子清真寺：

整个建筑由三排九个圆顶组成，由柱子和外墙支撑。中央的圆顶被阴茎状的柱子环绕着……石柱和墙缝的框架都是用凿好的石头建造的，整个比例呈现出一种美妙的和谐。[2]

同样，斯图尔曼教授也写道：

在9世纪到12世纪，设拉子人在此建造了许多清真寺，以赏心悦目的柱子和圆顶装饰。在基尔瓦·基西瓦尼的一座清真寺里，有四十根柱子排成四排……这些柱子把清真寺分成了几个正方形，每个正方形上面都有一个圆顶……这些建

---

1. F. B. 皮尔斯：《桑给巴尔》，伦敦，1920年，第351—352页。
2. 贾斯图斯·斯特兰德斯（Justus Strandes）：《德属东非和英属东非的葡萄牙统治时代》（*Die Portugiesenzeit von Deutsch-und Englisch-Ostafrika*），柏林，1899年，第89页。

筑的特点是使用了精心凿制的砂岩，用于门的过梁、窗户的框架和天花板。[1]

最后，皮尔斯少校在对图姆巴图岛遗址的描述中总结了他的整个论点：

> 图姆巴图清真寺坐落在离海几英尺的地方，在海边一个隆起的小高地顶端。出现这种建筑靠近大海的情况意义重大，因为这表明建造者属于一个拥有制海权的种族……引起人们兴趣的主要特征是其东墙的四个拱形门道。这些门道通向旁边的清真寺或礼拜堂，它毗邻大清真寺的主体。门道值得注意，因为它是典型设拉子风格建筑的特征，从比例和设计上看，它们不比欧洲一些著名的哥特式大门要差。[2]

关于坟墓的支柱，每个坟墓都被4到6英尺高的围墙包围，在围墙的最高处，树立了一个15英尺高的石柱或石碑，十分引人注目。一些柱子很普通，没有装饰，而另一些柱子表面嵌有中国制造的碗或盘子，或者在靠近顶端的地方以矩形或拱形石刻装饰。[3]在通戈尼（Tongoni）的一座有柱子的坟墓里，伯顿发现了一块波斯琉璃瓦，上面有一部分波斯文字的碑文，上面写着：Shid-i-rowshan（灿烂的阳光）。

因此，考古证据证实了“基尔瓦历史”的粗略事实，但由于东非沿海地区还没有得到系统探索，现在追求年代的精确性还为

1. 弗朗茨·斯图布曼（Franz Stublmann），《东非的手工业》（*Handwerk und Industrie in Ostafrika*），汉堡，1910年，第97页。
2. F. B. 皮尔斯：《桑给巴尔》，伦敦，1920年，第399—400页。
3. F. B. 皮尔斯：《桑给巴尔》，伦敦，1920年，第365页

时过早。对里格比（Rigby）来说，他在《关于桑给巴尔自治领的报告》（第47页）中，给出了公元924年和984年作为建立摩加迪沙和基尔瓦的可能日期，而皮尔斯少校采用的日期分别是公元908年[1]和975年[2]。与之类似，《大英百科全书》记载：

基尔瓦苏丹国据说是由设拉子的波斯王子阿里·伊本·哈桑于公元975年在古希腊殖民地拉普塔的遗址上建立的。[3]

但这三种权威解释都同样武断，因为他们解释的是阿拉伯语文本：

第一个统治这片土地的人是苏丹·阿里。这是在回历三世纪中叶。

这既不公允，也不准确。[4]

设拉子苏丹国的结束甚至比开始更不确定。因为在12世纪和13世纪的大繁荣时期之后，当基尔瓦帝国延伸到索法拉港并控制了来自津巴布韦矿山的黄金运输时，波斯元素由于与当地非洲种族的融合而变得如此微弱，并且由于阿拉伯人在赞吉海域的优势，而变得如此不显眼。以至于在葡萄牙人对16世纪早期的描述中，波斯的痕迹实际上已经被减少到零。杜阿尔特·巴尔博萨举例说：

当葡萄牙国王发现这片土地（基尔瓦）时，索法拉、祖马、安古奥克斯（Anguox）和莫桑比克的摩尔人都服从基洛

1. F. B. 皮尔斯：《桑给巴尔》，伦敦，1920年，第46页。
2. F. B. 皮尔斯：《桑给巴尔》，伦敦，1920年，第345页。
3. 见《不列颠百科全书》，关于基尔瓦的文章。
4. 回历350年，即公元961年。

亚（基尔瓦）国王，基尔瓦国王是他们当中的一位伟大国王。这个小镇上有很多黄金，因为所有去索法拉的船只都要途经这个岛，无论是去还是回。这些人是摩尔人，肤色黝黑，这些人中还有些是黑人，有些是白人……他们说的语言是阿拉伯语……

还有另一个非常大而美丽的小镇叫马加多索（Magadoxo，即摩加迪沙），属于摩尔人，这里被一个国王统治着，是个商品贸易非常发达的地方。从坎贝尔王国和亚丁来的船只，带着各种各样的货物，各式各样的商品和香料。他们从那里带走了许多黄金、象牙、蜂蜡……所有的人都说阿拉伯语；这里大部分是黝黑的黑人，其中也有部分白人。[1]

也许摩尔人中的白人是设拉子人的混血儿，但就像他们现在的后代，瓦彭巴人和瓦哈迪姆人一样，他们早已不再是这个国家统治阶级的组成部分。

与此同时，波斯湾也变得像阿拉伯海中的赞吉海海湾。事实上，早在奥马尔哈里发和奥斯曼哈里发时期，这里在政治上就已经受到影响，但由于生活在沿海地区的阿拉伯人并不好战，而汉志地区的阿拉伯人本质上又不是水手，因此这里在政治上所受的影响较小。此外，与波斯航海家相比，沿海阿拉伯人“实际上很年轻”。伊斯兰教兴起后，波斯人的航运没有伴随着波斯国家的灭亡而同时消失。

1. 杜阿尔特·巴尔博萨（Duarte Barbosa）著，E. 斯坦利（E. Stanley）译：《16世纪的东非和马拉巴尔海岸》，伦敦，1866年，第11、16页。

正如前文指出的那样，虽然波斯人失去了他们在陆地上的独立，他们仍然保留了在海上的独立。这种情况持续了一段时间，直到阿拔斯王朝的穆塔瓦基勒哈里发统治时期（公元847—861年）。在这一时期，由于强大的中央政府的存在，阿拉伯水手已经大大减少了自己和波斯水手之间地位上的不平等，只待取消私营的小酒馆，夺取波斯湾的交通要道。但哈里发的衰落给了波斯人重获平等的机会，并给了他们自由；因此，就在波斯开始逐渐在陆地上复国之时，他们在海上逐渐丧失自己的独立地位。若非阿拉伯人之间的激烈竞争，表现为贸易中心从尸罗夫到盖斯（Qais）、从盖斯到尸罗夫，然后再到盖斯，再回到尸罗夫的不断逆转[1]，直到东部航运终点霍尔木兹岛的衰退[2]，波斯甚至不可能保留她的非武装航运，更不用说在海湾发动舰队参与公开战争了，这种情况一直持续到13世纪甚至14世纪的基督教时代。大约在公元1268年：

> 凯斯是波斯海的一个岛屿，周长四法桑（farsang）。这里的城镇看起来很漂亮，有城墙和城门，还有花园和很多建筑。它是印度和波斯船只的避风港，也是阿拉伯人和波斯人的贸易和商业市场。那里的淡水来自水井，但富人也有水箱。它周围的所有岛屿都属于凯斯之主……

1. G. P. 拜格：《阿曼的伊玛目和塞义德》，伦敦，1871年，第411页。
2. 公元1302年，大批突厥人从中亚出来，征服了波斯的许多土地。他们攻击了科尔曼（Kermon）王国，接着征服了霍尔木兹王国，在此大肆挥霍，霍尔木兹人无法忍受这样的麻烦，他们决定放弃他们的土地，他们也这样做了。奎克索姆（Queixome）岛，又称布罗科特（Broct）岛，位于波斯海岸附近，一道狭窄的海峡将其与波斯分开……阿亚兹（霍尔木兹的国王）命令霍尔木兹人穿越海峡抵达该岛，他们欣然听命。书中对他们放弃沿海城镇霍尔木兹，并在岛上殖民的解释很难令人信服，因为蒙古人很难到达波斯海岸；但转移的日期，1302年，大概是正确的。参见佩德罗·特谢拉（Pedro Teixeira）著，F. 辛克莱尔（F. Sinclair）译：《佩德罗·特谢拉的旅行》（*The Travels of Pedro Teixeira*），伦敦，1902年，第160—161页。

凯斯的统治权由他们的国王继承，直到他们中间产生一个暴君，人们废黜了他。然后他们请求霍尔木兹国王的统治，于是霍尔木兹统治了这里；但结果他比凯斯的国王更残暴，所以他们也废黜了他，并请求设拉子国王统治。设拉子国王召集士兵，派他们上船；于是霍尔木兹的士兵们乘船出发去与他们战斗，在航行中登上悬崖休息。当他们在悬崖上时，波斯人的船只点燃了霍尔木兹人的船只，然后继续前往凯斯，他们很轻易地占领了那里。虽然霍尔木兹人在海战方面比波斯人更强大、更专业；但在这种情况下，他们的能量并没有发挥出来。[1]

同样，根据霍尔木兹国王图兰·沙阿撰写的编年史[2]，一支波斯舰队在公元1314年重新出现，以恢复波斯湾的力量平衡：

设拉子国王[3]立刻率军前往凯斯岛，他在那里准备了许多船只，管这种船叫“特拉达（terrada）”；在他的军队渡海前往离霍尔木兹两英里远的安甘岛（Angam）时，遭遇了霍尔木兹王手下两支军队的攻击，两军在此激战，设拉子军战败了。虽然设拉子人战败，但不是完全失败，因此设拉子国王威胁霍尔木兹王，让他放弃他的财宝和前任国王的财宝；如果他不愿意这样做，他会用火和剑向他开战，直到彻底将其摧毁。霍尔木兹国王反问，像你设拉子王这样出身低贱的商人，

---

1. 扎卡利亚. b. 穆罕穆德. b. 马哈茂德. 加兹维尼（Zakariya b. Muhammad b. Mahmud al-Qazwini）著，F. 伍斯特法德（F. Wüstenfeld）校注：《纪念真主之仆人的遗迹和历史》（*Athāru 'l-Bilād wa Akhbāru 'l-'Ibād*），哥廷根，1848年，第161页。
2. 图兰·沙阿在统治了30年后，于1378年去世。见佩德罗·特谢拉著，F. 辛克莱尔译：《佩德罗·特谢拉的旅行》，伦敦，1902年，第188页。
3. 即设拉子总督，又称马勒克·阿扎丁（Malek Ayzadin）。

怎么敢向真正的国王提出这种要求！他没有什么好害怕的。

这次战争失败后，设拉子国王回到凯斯，重新启用更多的军队和船只增援自己，率领更强大的力量回来攻打霍尔木兹。他畏惧与霍尔木兹王正面交手，巧妙地和他斡旋，狡猾地趁机抓住他，把他俘虏到凯斯岛，接着他自己开始围攻霍尔木兹岛。

这次围攻持续了好几个月。然后，设拉子国王发现他不能战胜霍尔木兹人，冬天来临了，乘船在海上开始不安全，他就回到凯斯岛，决心第二年再回来对付霍尔木兹。

六个月后，设拉子王带着被俘虏的霍尔木兹国王从凯斯岛回到霍尔木兹。但在航行中，一场暴风雨席卷而来，驱散并摧毁了他的舰队。在舰队离散的过程中，被俘的霍尔木兹国王乘着这种"特拉达"船，在霍尔木兹登陆。

从此以后，设拉子国王放弃了得到这笔财富的想法，于是回到他的王国，放弃了对霍尔木兹的征服。[1]

因此，尽管设拉子与凯斯的联盟未能实现削弱霍尔木兹实力的直接目标，但最终成功地阻止了阿拉伯军队集中起来对抗波斯的海上活动。前述行为是达成这一目标的主要原因，而达成目标的另一部分原因，是阿塔别克们（Atabek）[2]的和解政策，把法尔斯地区从蒙古人的残暴统治中拯救出来[3]，因此波斯商人直到基督教时代的15世纪甚至16世纪，才得以继续蓬勃发展。以下是威尼斯

1. 《霍尔木兹国王编年史》（*The Chronicle of the Kings of Ormuz*），参见佩德罗·特谢拉著，F. 辛克莱尔译：《佩德罗·特谢拉的旅行》，伦敦，1902年，第263—264页。

2. 即塞尔柱突厥人的军事首领。——译者注

3. E. G. 布朗尼：《鞑靼统治波斯史》（*A History of Persian Interature under Tartar Dominion*），剑桥，1920年，第15—16页。

旅行者尼科洛·孔蒂（Nicolò Conti）的经历：

> 离开霍尔木兹岛，向印度方向航行100英里后，到达了卡拉卡提亚（Calacatia）城[1]，一个波斯的高端商业中心。他在这里待了一段时间，他学会了波斯语，后来他很好地利用这门语言；他也采用了该国的服装，并在整个旅行期间一直穿着波斯风格的服饰。随后他和一些波斯商人一起进行了航海贸易，航行前，他们立誓要成为彼此忠实的伙伴。[2]

尼科洛·孔蒂在南中国海游历了很长一段时间后，于公元1444年回到了威尼斯，大约在同一时间，也就是公元1442年至1444年间，阿卜杜·拉扎克·伊沙格（Abdu'r-Razzāq b. Ishag）作为沙哈鲁（Shāh-rukh）[3]派往毗奢耶那伽罗（Vijayanagar）帝国的使臣访问了南印度。

阿卜杜·拉扎克（Abdu'r-Razzāq）写道：

> 回历845年（公元1442年），我到达霍尔木兹后，总督们就开始寻找各种借口拘留我；此时是季风的开始或中期，是出海航行的有利时间。等我得到通行许可时，季风季已经结束了。这个时节的暴风雨和海盗攻击非常可怕，他们却在此时允许我离开。由于人们和马匹不能都装在同一艘船上，于是他们分别被安置到几艘船上。船帆升起，我们开始航行。
>
> 我一闻到船的气味，海上所有的恐怖画面就浮现在我面

1. 即Qalhāt港，位于阿曼。——译者注
2. 梅哲（R.H. Major）译：《尼科洛·孔蒂15世纪的印度之旅》（*The Travels of Nicolò Conti in India in the Fifteenth Century*），伦敦，1857年，第5页。
3. 译者注：沙哈鲁，帖木儿帝国第四位苏丹（1409—1447年在位），帖木儿帝国创建者帖木儿第四子。

前，我陷入深深的昏迷，三天后才苏醒。我发现自己还能呼吸，说明我还活着。当我稍微恢复意识，我的商人密友们喜极而泣，安慰我，跟我说航海的日子过去了。在这个时节出海的每个人，都做好了赴死的准备，因为他是自愿把自己置于危险之中的。所有人一致同意，牺牲了已经支付的运费，放弃了他们原定的贸易计划，经历了一些困难后，在马斯喀特港提前下船……最后（我们又从卡拉哈特［Kalahat］起航），经过十八个昼夜的航行，最终在印度古里（Calicut）港抛锚。[1]

梅哲先生在他翻译的《两吉星的升起》一书中写的序言：

波斯人似乎对大海有一种不可征服的厌恶感，这是一个荒谬的案例，航海中的突发状况（展现在我们面前时）……表现出离奇的悲怆，大使哀叹自己被迫经历如此多苦难，如此形容没有在任何波斯风格夸张修辞中丧失一毫。[2]

稍后会继续在这一点上进行更多讨论。除此之外，这次航行并不是阿布杜·拉扎克的记录中唯一令人感兴趣的事情。根据拉扎克的记载得知：霍尔木兹和古里有繁荣的商业；帖木儿帝国希望与南印度建立友好关系是事实；风向合适时，从卡拉哈特到古里的航程大约18天；最后，有从霍尔木兹港运到印度的马匹。其

1. 《两吉星的升起》(*Matla'u's-Sa'dain*)，大英博物馆MS. Or. 1291, f. 201。参见《尼科洛·孔蒂15世纪的印度之旅》，伦敦，1857年，第7页。译者注：本书作者阿卜答儿·剌扎黑·撒马儿罕地（'Abdur-Razzāq Samarqandi，1413—1482），全名为《两吉星的升起与海洋的融汇》(*Matla us-Sadain wa Majma ul-Baahrain*)，这本书提供了晚期蒙古汗国和帖木儿政权在高加索、伊朗、呼罗珊和玛瓦兰纳赫尔地区政治历史的半官方记录。书中记载了帖木儿之子沙哈鲁（Shahrukh）继位后，拉扎克（Razzaq）作为沙哈鲁的大使，到达过亚欧大陆的很多地方，例如1442年，他到过印度西南部的古里。

2. 梅哲译：《尼科洛·孔蒂15世纪的印度之旅》，伦敦，1857年，第4页。

实马可·波罗早在1272年就着重提到了这件事。[1]上述所有事情都源于他忠于事实的个人观察。但由于阿布杜·拉扎克是一个来自内地的人，我们最好转向去关注像杜阿尔特·巴尔博萨（Duarte Barbosa）这样的水手对霍尔木兹的描写。

这个岛屿和城市的居民是波斯人和阿拉伯人，他们说阿拉伯语和另一种语言，他们称之为波斯语。他们皮肤很白，长得好看，身材健美，无论男女；他们当中也有来自阿拉伯国家的黑人和有色人种。而那些皮肤特别白的波斯人，他们丰腴又奢华，生活得很好。他们的生活非常奢侈，拥有会弹奏各种乐器的乐师。他们中有些是极为富有的商人，拥有许多船只，因为他们拥有一个良港；他们贸易各种各样的货物，这些货物是从许多地方进口而来，同时出口到印度的其他地方。他们带来各种香料、药物、宝石和其他商品，如胡椒、生姜、肉桂、丁香、肉豆蔻干皮、肉豆蔻、长胡椒、沉香木、檀香、巴西木、香脂、罗望子、印度藏红花、蜂蜡、铁、糖、大米、椰子、红宝石、蓝宝石、锆石、紫水晶、黄玉、橄榄石、风信子、瓷器、安息香；通过贸易这些商品，他们赚了很多钱。还有许多东西来自坎贝、肖尔（Chaul）、达布尔（Dabul）和孟加拉，它们被称为锡纳巴索斯（Sinabasos）、肖塔斯（Chautars）、马蒙纳斯（Mamonas）、达加斯（Dugasas）、

1.《马可波罗行记》第三十六章："（忽鲁模思）其船舶极劣，常见沉没……，船上有一桅、一帆、一舵，无甲板。装货时，则以皮革覆之，复以贩售印度之马置于革上。既无铁作钉，乃以木钉钉其船。用上述之线缝系船板，所以乘此船者危险堪虞，沉没之数甚多。盖在此印度海中，有时风暴极大也。"（译者注：汉译参冯承钧《马可波罗行纪》译本。）马很可能是在一世纪时带来的。"从遥远的海域"到卡维里帕迪南（Kaviripaddinam）普卡（Pukâr）或卡马拉（Camara）所见都是波斯马。

索拉那提斯（Soranatis），这是一种闷热的棉布，被用作帽子和长袍，阿拉伯人、波斯人，以及开罗、亚丁和亚历山大的人们都在使用。他们还为霍尔木兹带来了水银、朱砂、玫瑰水、锦缎和丝绸、深红色的羊毛、粗驼毛和蚕丝。他们从中国和卡图伊（Catuy）通过陆路把许多精致的丝绸和罕见的麝香、大黄带到这座城市；他们从巴比伦带来了非常精美的玳瑁和一些祖母绿，以及来自阿卡尔（Acar）的上等青金石。他们从巴哈雷姆（Baharem）和朱尔法（Julfar）[1]带来许多小粒珍珠、大珍珠，还有许多从阿拉伯和波斯带来的马匹，他们每年运输去印度的多达五六百匹，有时一千多匹；出口这些马匹的船只还装载了大量的盐、枣、葡萄干、硫磺和其他印度人喜欢的货物。

这些霍尔木兹的摩尔人穿着考究，披着雪白、长而精美的棉袍，穿着优质的棉裤，除此之外，他们拥有大量丝绸衣服和骆驼，深红色的布料，以及大量薄纱，他们用这些织物来包裹腰部，腰上绑着腰带，其上插着装饰着金银的匕首和刀。他们还有一些沉重的短剑，根据佩戴者的等级不同，装饰着数量不等的金银：他们手持以丝绸装饰的圆形大盾牌，以及绘有金色及其他好看色彩的土耳其弓。这些弓是用坚硬的木头和水牛角做成的；可以射得很远，这些人都是非常优秀的弓箭手；他们的箭细长，做工精良。其他人手里拿着铁锤，锻造得精良讲究；还有一些是绘有各种图案的战斧，质地极好，其上有镶嵌或釉彩。摩尔人非常随和有礼貌，他们相互之间都很和气。他们的食物是经过高级烹饪的优质肉食，小

1. 位于今阿联酋，是穆桑达姆半岛的一部分，靠近霍尔木兹海峡。——译者注

麦面包，以及上等大米，品种多样的其他菜品也准备得非常好，各种果酱、腌制水果及其他新鲜水果，苹果、石榴、桃、杏、无花果、杏仁、甜瓜、萝卜、沙拉，以及在西班牙见过的所有其他东西；各种各样的枣，以及其他我们不使用的食物和水果。他们偷偷喝葡萄酒，因为他们的律法禁止饮酒。他们喝的水用开心果调味后冷却，为此他们采用并寻求许多方法来冷却和保存。所有的贵族和尊贵的商人，无论他们走到哪里，无论是在街上、公共场所还是在路上，总是带着一个拿着一瓶水的侍从，瓶子底部是银的，或者是一个银杯，既是为了彰显自己的地位，也是为了实用和舒适。所有这些人都有花园和农场，他们一年中有几个月会去那里愉快地玩耍。[1]

正如巴尔博萨所描述的那样，霍尔木兹的社会生活是如此典型的波斯式社会，以至于我们不需要被明确告知："这个岛屿和城市的居民是波斯人和阿拉伯人，他们说阿拉伯语和另一种他们称之为波斯语的语言。"但是时候离开霍尔木兹，跟着巴尔博萨前往印度港口了。

坎贝尔的摩尔人是白人，包括来自许多国家的人：土耳其人和马穆鲁克人、阿拉伯人、波斯人、呼罗珊人、土库曼人，来自德里苏丹国，以及其他出生在本国的人……这些坎贝尔的摩尔人能说很多种语言，比如阿拉伯语、波斯语、土耳其语和古吉拉特语。[2]

1. 杜阿尔特・巴尔博萨著，E. 斯坦利译：《16世纪的东非和马拉巴尔海岸》，伦敦，1866年，第41—43页。

2. 杜阿尔特・巴尔博萨著，E. 斯坦利译：《16世纪的东非和马拉巴尔海岸》，伦敦，1866年，第56页。

同样，在古里港也有波斯殖民者和商人：

> 古里还有其他外国的摩尔人，他们称之为帕迪西（Pardesy）人。这些人是阿拉伯人、波斯人、古吉拉特人、呼罗珊人和德干人：他们是优秀的商人，在这里有妻子和孩子，以及航行到各地的船只和各种各样的货物……他们以这种方式繁荣起来，直到葡萄牙人来到印度，现在几乎没有摩尔人生活在这里了，仍生活在此的摩尔人也失去了往日的自由。[1]

然而，波斯的海上活动并不仅仅局限于印度半岛的西海岸，在孟加拉省的同名首都孟加拉[2]有一个重要的波斯殖民地。

> 许多来自不同地区的外国人住在这个城市，包括阿拉伯人和波斯人，阿比西尼亚人和印度人，他们因该国非常肥沃，气候温和而聚集在这里。他们都是优秀的商人，拥有与麦加建筑一样雄伟的大型船只，以及其他被称作戎克船（jungo）的中国帆船，它们非常大，可以装载相当多货物。这些船航行到乔尔门德（Cholmender）、马拉巴尔、坎贝尔、勃固（Peigu）、塔纳萨里（Tarnasari）、萨马特拉（Samatra）、锡兰和满剌加；他们贸易各种商品，开往五湖四海。这个国家产很多棉花，阿拉伯人和波斯人用这些东西做帽子，因此每年他们都用几艘船将棉花运到各地。这座城市的摩尔商人进

1. 杜阿尔特·巴尔博萨著，E. 斯坦利译：《16世纪的东非和马拉巴尔海岸》，伦敦，1866年，第146—148页。
2. “孟加拉岛位于哈提亚岛（Hattia）和孙迪普岛（Sundeep）之间的地方，位于今布拉马普特拉河口。”参见《卢多维科·迪·瓦尔西马游记》（*The Travels of Ludovico di Varthema*）的“孟加拉古城遗址见闻”部分。

入内陆，从他们的父母或人贩子手里买来异教徒儿童，之后将他们阉割。他们中的一些人因此而死。他们会用心培养那些康复后的儿童，以二三十金币的价格卖给波斯人，波斯人非常重视他们，用他们作为看守自己妻子和房子的侍卫。[1]

同样，根据葡萄牙历史学家若昂·德·巴罗斯（Joao de Barros，1496—1570年）的说法[2]，马六甲镇上住着有巨大影响力的波斯人：

满剌加（马六甲）的崛起促使本来听命于哈基姆·达尔萨（锡坎达尔沙阿）的国王摆脱了对暹罗国王的依赖，这主要是因为他们受到波斯和古吉拉特的摩尔人劝诫。这些人来到满剌加，居住在那里进行贸易，使当地人从异教徒转为伊斯兰教的教众……[3]

在贸易问题上，马来人既狡猾又专业，因为一般来说，他们必须与爪哇人、暹罗人、勃固人、孟加拉人、奎拉霍人、马拉巴尔人、古吉拉特人、波斯人和阿拉伯人打交道，居住在此使他们变得非常睿智。[4]

这种繁忙的贸易一直持续到我们抵达印度，但是摩尔人、阿拉伯人、波斯人和古吉拉特人的船只畏惧我们的舰队，他

1. 杜阿尔特·巴尔博萨著，E. 斯坦利译：《16世纪的东非和马拉巴尔海岸》，伦敦，1866年，第179—180页。

2. 他不是目击者，“但他笔下的印度是我们获得准确信息的最佳手段”。

3. 巴罗士（João de Barros）：《亚洲旬年史（二）》（*Da Asia, Decade II*），第六册，第一章，里斯本，1777年，第14—15页：“继承沙克姆·达沙（Xáquem Darxá）国王的伟大事业后，他们一点一点地开始服从暹罗国王，特别是他们受到摩尔人、波斯人和古吉拉特人这类外邦人感召后（他们之所以来到那里，是因为贸易），转变为穆罕默德的信徒。”

4. 巴罗士：《亚洲旬年史（二）》，第六册，第一章，里斯本，1777年，第25页。

们现在一般不敢航行，如果他们的船这样做了，那只是为了从我们舰队的视野中秘密地逃脱。[1]

在其他地方，德巴罗斯和巴尔博萨没有提到波斯殖民者甚至波斯商人的存在，因为印度商人和阿拉伯商人的竞争，这种压力显然已被证明是难以抵抗的。[2]但是在波斯商人能够生存的地方，例如在国际性港口霍尔木兹、坎贝尔、古里、孟加拉和马六甲，波斯人似乎经营得有声有色。因为即使在亚博奎（Afonso Dalboquerque）蹂躏了整个南海的外围地区，并把希达康（Hidalcão）[3]和霍尔木兹国王都囚禁起来之后，坎贝尔的波斯商人仍然存在。

一颗同样热血的英雄之心，

被时间和命运磨得软弱，但意志坚强。

去奋斗，去寻找，去发现，而不是屈服。

一些来自波斯的商人在法庭上寻求减免关税，这些关税（与商品等值），是由马利克·阿亚兹（Malik Ayāz）的儿子马利克·图根（Malik Tughān）在最后一次航行中向他们征收的。他们向塔希尔沙阿（Shāh Tāhir）施压，要求他出面干涉，尽管起初被拒绝了，但他们最终还是强迫塔希尔代表他

1. 巴罗士：《亚洲旬年史（二）》，第六册，第一章，里斯本，1777年，第26页。

2. 也许这种说法在1504—1507年间需要暂时偃旗息鼓。卢多维科·迪·瓦尔特马（Ludovico di Varthema）和一名波斯珠宝商人一起从霍尔穆兹航行到印度河三角洲、比贾普尔、奎隆、科伦坡、普利卡特（马德拉斯以北22英里）、班盖拉（孟加拉）、勃固、马六甲、皮德（Pider，位于苏门答腊岛）、班丹（Bandan，班达群岛之一）、默纳克（Monach，位于摩鹿加群岛）、婆罗洲和爪哇，然后从那里到达马六甲、讷加帕塔姆（Negapatam）、奎隆和卡利库特。参见《卢多维科·迪·瓦尔西马游记》，伦敦，1863年。

3. 即印度德干巴赫曼尼王朝比贾普尔的统治者Yusuf Adil Khan（1490—1510年在位）。——译者注

们去拜访马利克·图根。马利克不仅同意了这一请求，立即将六万卢比退还给了商人，还向他们补偿了贵重的礼物，并声明在任何其他航行中，不应向他们索要关税。[1]

这是在1532年，十八年前伊斯梅尔沙阿的船长温顺地以二十个特拉达（terrada）向葡萄牙人示降[2]，十七年后伊斯梅尔沙阿的大使收到葡萄牙驻印度总督亚博奎的严厉威胁："如果在果阿邦以外的任何其他地区发现波斯商人，应该没收他们的商品，让他们受到最严重的惩罚。"摩尔人和外邦人都知道，这些惩罚是火刑和水刑。[3]

还需要提到的是波斯伽色尼王朝的内河航行。因证据不足，仅限于论述马哈茂德苏丹对位于巴蒂亚（Bhatiya）的贾特（Jat）人的远征，以及马斯乌德苏丹在赫尔曼德（Hirmand）河上的享乐晚宴。加尔迪齐（Gardezi）说：

在回历418年（公元1027—公元1028年），马哈茂德苏丹第十二次集结他的军队，剑指木尔坦（Multän），他到达后，下令建造1400艘船；船上装备精良的铁刺，分两列放置

1. *The Mir'āt-i-Sikandarī*，印度事务处，MS. Ethé 438, f.171b-172a。见爱德华·C·贝利（Edward C. Bayley）译：《本土穆罕默德王朝史》（*Local Muhammadan Dynasties*），伦敦，1886年，第355页。

2. 沃尔特·德·格雷伯奇（Walter de Gray Birch）译：《阿方索·德·阿尔布克尔克作品集》（*The Commentaries of the great Afonso Dalboquerque*），第四卷，伦敦，1875年，第115页。

3. 沃尔特·德·格雷伯奇译：《阿方索·德·阿尔布克尔克作品集》，第四卷，伦敦，1875年，第177页。

在船的两边，一列在船头。尖刺又硬又锋利，无论击中什么，它们都会碎成碎片。

当这1400艘船得令前往印度河时，每艘船上有20人，装备有石脑油弹、石脑油、弓箭和盾牌。贾特人听说了苏丹的入侵，把女人和财产转移到了一个遥远的岛上，毫无顾忌地参加了战斗。贾特人有1000艘，甚至有人说是8000艘船，满载着人和盔甲，当两支舰队靠近时，穆斯林弓箭手和投掷石脑油的人纷纷射出箭和火弹；苏丹的船撞上了贾特人的船，把它们撞得粉碎，毁坏了它们。以这种方式，苏丹继续战斗，直到贾特人的船要么被撞毁，要么沉没，要么被打散。[1]

显然，正是诗人法鲁基在其《诗集》中提到了与萨姆纳特（Somnäth）海战的胜利[2]，关于穆斯林的追击[3]、封锁[4]或伏击[5]等经过，在创作于回历440年，关于伽色尼王朝的《记述的装饰》一书中没有提到：

1. 加尔迪齐（Gardezī）：《记述的装饰》（*Zainu 'l-Akhbar*），（剑桥）国王学院图书馆，MS. No. 213, f. 127b。
2. 法鲁基（Farrukhī）：《法鲁基诗集》（*Dīwān*），印度事务处，MS. Ethé 902, f.36a。我看过的水上运动有钓鱼、射击水禽等；今年你已经在水里射杀了黑虎。
3. 伊本-亚希尔（Ibnu 'l-Athīr）：《卡米尔史》（*Tarīkhu 'l-Kāmil*）（完成于公元1230—公元1231年），开罗，第四卷，第119页。他们中的幸存者乘船出海逃跑，然而穆斯林们追上了他们，有些人被杀，有些人淹死了。
4. 米赫万德（Mīrkhwand）：《先知、国王和哈里发传记中的纯洁花园》（*Rawdatu's-Safā*）勒克瑙，第四卷，第741页。幸存者们上船准备逃跑，但苏丹找来了几艘船，派他的人去封锁海上航线。
5. 菲里什塔（Firishta）：《印度伊斯兰教势力崛起史》（*Tārīkh*），勒克瑙，公元1864—公元1865年，第一卷，第32页。婆罗门们和索姆纳特的管家等幸存者有将近4000人，他们转向阿曼海，希望乘船逃到锡兰。但苏丹之前曾在此驻扎过几艘船，载着他的士兵来了；因此，当异教徒舰队出现在他们的视野后，他们就将大多数乘客消灭了。

（印度）萨姆纳特的名人逃到他们的船上，带着他们的妻子和财产起航，来到一个（海上的）岛屿。只要穆斯林军队还在萨姆纳特，他们就会留在岛上。[1]

而马斯乌德苏丹的享乐晚宴让人想起了萨珊时代。《贝伊哈基史》（*Tārīkh-i-Baihaqī*）中记载：

在萨法的第七个星期一，也就是公元428年，马斯乌德苏丹想要远航，于是十艘船停泊在（赫尔曼德河）岸边。苏丹乘坐的帆船比其他的几艘大，而且装有帆和地毯。苏丹带着两个朝臣、两个斟酒侍从、一个量酒的侍臣和一个武装奴隶上船了。

其他的船上有朝臣、大臣、管家和各种各样的人，但是没有人知道发生了什么，直到他们突然发现苏丹的船被淹没了。因为水流很强，而且船即将倾覆，所以他们大喊大叫，此时苏丹站了起来，幸运的是，其他船在附近，七八个人跳了进去，救出了国王。[2]

从贝伊哈基的描述来看，他们所使用的船似乎相当原始；因此，问题又出现了：赫尔曼德河上保留的原始船只与从苏伊士到中国港口的波斯远洋航行货船之间是如何协调的？从贝伊哈基的描述来看，他们所使用的船似乎相当原始；因此，问题又出现了：赫尔曼德河上保留的原始船只与从苏伊士到中国港口的波斯远洋航行货船之间是如何协调的？毫无疑问，答案是不易协调。因为

1. 加尔迪齐：《记述的装饰》，（剑桥）国王学院图书馆，MS. No. 213, f. 126b。
2. 贝伊哈基：《贝伊哈基史》（*Tārīkh-i-Baihaqī*），加尔各答，1882年，第828—829页。

当地可通航河流稀缺，内河航行的发展水平较差，尤其是当波斯唯一可通航的河流是卡伦（Karūn）河，而卡伦河又仅能通航到阿瓦士（Ahwāz）的时候。

由于有了船，深海就像平地拔起的群山，在风中摇曳。
你会说，它像一头野象，正在撕碎蓝湖的皮衣。

——卡尼（*Qa'ani*）

波斯文学的证据

在波斯的文人眼中，对生活在内陆地区，热爱大地的阿拉伯人来说，海洋一直是恐怖的存在。早在萨曼王朝时代，医生阿布·巴克尔·穆罕默德·b·扎卡里亚·阿-拉齐（Abù Bakr Muhammad b. Zakariyà ar-Räzi）曾提到，冒险通过阿姆河是愚蠢的，如果《四类英才》中的叙述是真的，那么医生就必须包裹得像个活包裹一样才能穿过阿姆河。[1]同样，在回历533年，诗人安瓦里（Anwari）被挡在他去路的阿姆河震惊到几乎失去理智，这导致他无法前往铁尔梅兹（Tirmidh）的伊玛目·丁·卑路斯沙阿（Imadu'd-Din Pirüzshäh）的宫廷，如果没有皇室向导向他展示自己的游泳技巧，他无疑是会返回的。[2]因此，萨迪主张在陆地上才是安全的[3]，阿卜杜·拉扎克闻到船的气味就晕倒[4]，哈菲兹会放弃马哈茂德·沙阿·巴赫马尼（Mahmud Shah Bahmani）把他带到德干的海上航行，都不足为奇了。

1. 内扎米-阿鲁兹依-撒马尔罕迪（Nizāmī-i-'Arudī-i-Samarqandī）著，米尔扎·穆罕默德（Mīrzā Muḥammad）编：《四类英才》（*Chāhar-Maqāla*），剑桥，1921年，第74页。

2. 安瓦里（Anwarī）：《安瓦里集》（The *Kullīyāt* of Anwarī），第357页；《灵圣集》（the *Dīwan-i-Mu'izzī*），大英博物馆，MS. Add. 10,588, f. 73a。

3. 萨迪（Sa'dī）：《古利斯坦》（*Gulistān*）。

4. 《两吉星的升起》，大英博物馆，MS. Or. 1291, f. 201a。

当然，睡眠比辛劳更甜蜜，在近岸划船都好过远洋航行，不论考虑到风、浪，还是桨。[1]

因此，在波斯后穆罕默德时期的诗歌中，海洋，就像圣经中的魔鬼一样，从未因为它本身而被提及过。诺德克教授说："从菲尔多西诗歌的传统背景来看，他们没有任何海上的经验，甚至连在海上旅行的经验都没有。发生海上航行的少数几个段落，都是模糊的，不正确的。他文中的一支军队行军大约数千法桑，乘船只穿过大海，却仅仅用了几个小时。凯·库思老的穿越大海的航程本应持续一年，却在七个月内就完成了，且旅程中仅发生过一次风暴。列举一些奇怪的海妖反而成为这次旅程中的主要内容。伊朗人在返航的七个月内没有遇到任何风暴；事实上，两艘船先出现，一千艘船紧随其后。因此阿夫拉西亚伯理所应当地穿过了同一片海。"[2]

菲尔多西的描写包括了阿夫拉西亚伯和凯·库思老的航行，倾向于以牺牲前者为代价，专注于后者。因此，阿夫拉西亚伯只是来来去去，而凯·库思老建造并管理了一支舰队，并且掌舵、航行、扬帆起航。原因也不难找到，菲尔多西希望他写的《列王纪》成为波斯伟大的丰碑，并试图展示凯·库思老对阿夫拉西亚伯的航海优势。既然到处都是风浪和岩石，那诗人何必还要在他的书写中强调它们呢？但是浅滩中的海怪并不常见。因此，它们被引入《列王纪》，不是在描写阿夫拉西亚伯时，而是在刻画凯·库思老的时候，因为可怕的海洋是为了特别展示在其中航行的波斯人的无畏而创造出来的。

1.《哈菲兹诗集》。

2. 诺德克：《伊朗语言学纲要》，第一卷，斯特拉斯堡，1895年，第177页。

因此，有必要确定《列王纪》作品中艺术加工和真正无知的确切比例。诺德克教授显然完全没有抓住这一要点。他的结论基于三条推理：第一，凯·库思老的航程是在七个月而不是十二个月内完成的；第二，大海异常平静，只有一次风暴出现；第三，列举了奇怪的海怪。这些论点都不是不可接受的，因为后两个明显都有艺术加工，而第一个论点本身就立不住脚。因为如果出航是在七个月内完成的，为什么返航要花更长时间，特别是在顺风的时候？

尽管诺德克教授的理由站不住脚，但他的结论依然成立。我们观察鲁斯塔姆到哈玛瓦兰的航行[1]，其返航路线书中未指明，向外航行被压缩为三对句子。文中没有提到舰队，一句话也没有提到船员。如果时间因素决定了海上航线的选择，为什么会保留有关航行长度的信息？菲尔多西的伟大之处是对细节的把控[2]，为什么要在这里避免提到细节呢？为什么当主题从陆地变到海洋时，最健谈的波斯人突然变得沉默？

就像菲尔多西一样，波斯的其他诗人也是如此，他们开始描绘元素的自然性质——在坚实的土地上能够站稳，在不稳定的海洋里紧张和战栗。甚至一片隐喻的海洋也可能产生这种效果，就像在莫拉维·贾拉鲁丁·鲁米的《玛斯纳维》中的"被家鸡哺育的小鸭的故事"：

你是鸭蛋，尽管是家鸡
用自己的羽毛孵出了你。

1. 诺德克：《伊朗语言学百科全书》，第一卷，斯特拉斯堡，1895年，第7页。
2. 希伯里·努马尼（Shiblī Nu'mānī）著：《波斯诗歌》(*Shi'ru 'l-'Ajam*)，第一卷，第146—149页。

你母亲是那大海中的鸭子；
你的保姆是大地的信徒，崇尚陆地。
对大海的渴望蕴藏在你内心，
你灵魂中的天性来自你的母亲，
你对陆地的眷恋出自这保姆；
放弃保姆吧，她的见识粗俗。
让保姆待在地上，赶快离开；
像鸭子般跃进这精神之海。
若（你的）保姆用水来恐吓你，
休要害怕，只管向大海疾驰。
你是鸭，既在陆地也在水中生活，
你不像那些翅膀被剪断的家鸡。
我们都是水禽，我的儿子，
大海完全知晓我们内心的言语。
苏莱曼好比大海，我们似飞禽，
永远飞翔游历在苏莱曼的波心。
请同苏莱曼一起把脚趟进大海里，
以便海水似达乌德般为你造出百件铠衣。[1]

摆在我们面前的这首诗主要有三个要素——神、人的灵魂、人的灵魂与神的重聚。其中，最后一个是最重要的，因为它是整首诗的视觉中心。贾拉鲁丁通过将他的思想投射到一系列图像中来开启主题，让观众用自己的眼睛见证。因此，主干思想披上了

1. 由威尔逊（C. E. Wilson）教授翻译。字面上的意思是，当你踏入大海时，海水会形成环状波纹，在这里，环状波纹被比作保护你的铠甲。关于大卫拥有的如军械库般奇迹的技能，《古兰经》将其解释为上帝教大卫制作铠甲的技术。

一件持续不断地比喻的活体外衣：神变成了一片大海，人类的灵魂是母鸡孵出的鸭蛋，人类灵魂与神的结合是一只漂浮在大海怀抱中的小鸭。这是一个简单的论点，它是如何表达的？贾拉鲁丁创作的第一幅画是一片广阔的水域，仿佛它可以填补空白：

> 无限的海洋，没有束缚，
> 没有尺寸，其中的长度、宽度和高度，
> 时间和地点都消失了。

这是造物者无限力量的完美象征。贾拉鲁丁的海洋不仅是无限的，而且它充满了无限的可能。它做得越多，它就越能真正成为精神的海洋。

人类的灵魂现在必须与海洋的这种愿景相适应，因为它是人类的灵魂与神的结合，先知本质上必须看到并展示这种结合。但是，在这片已经充满所有空间的泡沫和波浪中，怎么能找到任何东西的空间呢？因此，当我们观望和等待的时候，浩瀚无垠的海洋开始明显地，以令人困惑的速度收缩、萎缩。

现在大海已经变成了一个湖，一个游泳池，一个花园池塘，一只由家鸡孵化的小鸭在此平静地游泳，让养母感到惊恐。诗人的困难被承认了：母鸡孵出的鸭子也许是唯一合适人类灵魂的比喻，灵魂本身是两个对立元素的组成部分。但是诗人的困难与我们没有关系，因为我们仅仅是被动的旁观者，能够把一个不可估量的海洋看作一个可以用带子测量的池塘之外，我们还能看到什么呢？

麻烦的根源在于，无法将一幅画从背景中抽出，也无法将一幅图像从联想中分离出来。如果神性要由海来呈现，那海就必须有无限的维度，如果人的灵魂要由母鸡孵出的小鸭来呈现，那就必须有一个周围有铁丝网的农家庭院的背景。每一个意象都因其大小和联想而立刻模糊了另一个意象。因为大海不仅仅是一片汪洋，更是一片永远运动的汪洋，池塘不仅仅是一片微型的大海，更是一片没有运动的微型的大海。为了想象人类灵魂与上帝的结合，诗人必须以某种方式实现这一工作，这两个意象必须结合起来。但是这些图像并没有结合或杂糅，它们是叠加的。

因此，当精神的海洋变成一个池塘时，不仅体积缩小了，而且运动也同时消失了。行动让位于静止，汹涌的波浪激起的泡沫变成了一点点涟漪。这种情感的转移确实是极端的，就像动态的影像变成静态的图像一般。

贾拉鲁丁写道："走进大海，以便海水似达乌德般为你造出百件铠衣。"威尔逊教授说："字面上的意思是，当你踏入大海时，海水会形成环状波纹，在这里，环状波纹被比作保护你的铠甲。众所周知，海洋充满了波浪和泡沫，看不出环状结构；而贾拉卢丁笔下的大海，一踏进去就显示出水环，因此海水必然是停滞的。不仅停滞不前，而且坚硬如金属，水不就形成一百件铠衣了吗？因此，贾拉鲁丁笔下的海是双重反常的海，因为它既有鸭池般的限制又有钢铁般的坚硬。然而，稳定不仅是贾拉鲁丁·鲁米诗歌的特色，也是英国诗人华兹华斯及法国诗人波德莱尔诗歌的特色。正如罗斯金（Ruskin）所说，华兹华斯笔下的孩子就像扎根的花朵[1]：

> 在一棵古老的灰色橡树下，
> 像紫罗兰一样，躺着，
> 在加来海滩场景中，几乎可以感觉到像死一般的寂静：

1. 罗斯金（Ruskin）：《现代画家》（*Modern Painters*），第二卷，伦敦，1906年，第170页。

这一个美丽傍晚，舒畅安宁，

神圣时刻如修女般安静，

崇拜，屏住呼吸，硕大太阳

慢慢沉落在如洗的天庭。

天堂的温柔，覆盖着大海。

同样，正如米德尔顿·默里先生指出的，波德莱尔尽他所能，使一切稳定。[1]

《巴黎人报》上有一个奇怪的例子，诗人梦见一个象征性的风景：

我细细品味我的画

醉人的单调

只画了金属、大理石和水。

即使一开始，在他的（文字）宇宙中只有三分之一的水是有机会移动的；在之后的六行之内，他就通过（字面内容）让第三行静止了：

瀑布

像水晶帘

顺从地挂着

美丽的多萝西娅"像青铜一样美丽和寒冷"，他非常理想的美是一种绝对的静止：

1. J. 米德尔顿·默里（J. Middleton Murry）：《心灵之国度》（*Countries of the Mind*），伦敦，1922年，第161—163页。

我讨厌移动的线条
我从不哭也从不笑。

然而，对于华兹华斯和波德莱尔来说，这种静止是一种艺术创作，需要一种虔诚的氛围来表达：

休息的普遍本能，
对既定的宁静的渴望，
向内和向外，谦卑而崇高：
希望和记忆融为一体的生活；
大地宁静而永恒，人类的灵魂
自恰一致；天堂出现了；
去冥想，在那样的安静中！[1]

而后者想要"一个金属的房子，将其视作自己被冷酷无情的世界压迫的象征……他幻想的表象和他诗歌的结构都是坚硬和不可穿透的；因此，他会在诗歌中呈现生活中令人窒息的压抑感"[2]。

另一方面，波斯诗歌的静止性是一种无意识的产物。波斯诗人并没有试图找到达成目的的方法，因为他完全不知道自己在做什么，以至于他们甚至没有在需要描写运动之时，表现运动的状态。结果就呈现出贾拉鲁丁笔下水环状的铠衣，或是卡尼（Qa'ani）笔下的沙漠之路：

结满果实的森林就像满载行李的驼队——
一头连着一头，无穷无尽。

---

1. W. 华兹华斯（W. Wordsworth）：《远足》（*Excursion*），第三册。
2. J. 米德尔顿·默里：《心灵之国度》，伦敦，1922年，第161—163页。

骆驼的缰绳像北风，骆驼的鞍像云；

连接驼队的线像根，驼驹像小树枝。

阿萨迪（Asadi）用铁和皮衣比作大海：

他给了伊朗人一百二十艘船，带领他的军队上船。

由于有了船，深海就像平地拔起的群山，在风中摇曳。

你会说，它像一头野象，正在撕碎蓝湖的皮衣。

这是一片水银色的平原，像锈迹被磨光的钢铁一般光亮。

地板有着天空般的颜色，像镜子一样，反射出先知的面庞。

这是没有沙石的荒原，以山谷为山，以丘陵为谷。

这也是一片银色的平原，熊熊如火；时而宁静，时而铿锵。

它的外观和颜色都如玻璃般美好，也如混乱中粉碎的石头般疯狂。

这种未能赋予事物动感的情况甚至可以在传统的明喻手法中发现，例如，以柏树比喻高大挺拔的身姿，比喻无疑是表达海洋主题的最佳方式，人们常用哭泣行为形容大海。

“利益在海上，但安全在岸上。”因此，阿萨迪笔下钢铁般光亮的大海与波德莱尔笔下静止了的流水没有任何文化基因上的联系：后者是作者对运动行为的抑制产生的，而前者是本来就存在的，是海洋在文学上的反映。

我想到一件事。既然一个航海民族可以把骆驼称为“沙漠之舟”，那么我可能也会在波斯文学的某个地方找到把海船比作“海中骆驼”的古怪描述。在卡卡尼（Khāqānī）的《*Tuhfatu'l-*

Irāqain》中，果然发现了。和我想的不完全一样，但也差不多。[1]

底格里斯河的一艘船，时而停歇，时而起航，

就像旅行者独自踏上旅程。[2]

就像阿班山顶的浮云，匆匆奔向天堂的高度。

像彩虹一样弯曲，但不像彩虹般颠倒。

就像萨利赫的母骆驼，从头到脚[3]；

脚下是摩西的蛇。[4]

每次她怀孕时，她都会从子宫里生下一百个后代。

她从这端把所有生物吞下，并将它们都从另一端取出来。

与之类似，诗人阿萨迪将船比作“一头在水面上被风驱动的大象”。

你可能会说，一头野象正在撕碎蓝色的皮衣。

就像赛道上的大象一般，速度飞快；赶象人是风，赛道是水。

海洋中的大象和骆驼，即波斯诗歌中的战舰和渡船，同时，也应该提到波斯散文中的海象和海驼。这是当年的一种流行手段，通过前缀“海洋”或“水”一词，将陆地动物转化为海洋的动物。因此，在比鲁尼的《古代国家年表》中，有“海狗”和“水蜥”，

1. 卡卡尼（Khāqānī）：《*Tuḥfatu'l-Irāqain*》，第87—88页。与之类似，‘*Abdu'r-Razzāq*（大英博物馆，MS. Or. 1291, f-205）中称其为船。

2. 即神秘主义者处于深度冥想中，面部安详平和。

3. 先知萨利赫被派给塔木德（Thamūd）人民，奇迹般地从一块怀孕十个月的石头里取出了一只骆驼，并警告说，骆驼或她的幼崽的死亡会意味着部落的灭亡。底格里斯河上的渡船是从前部上船，从后端下船的，船上承载着乘客。就像这只萨利赫的母骆驼一样，拯救人们免于毁灭。

4. 摩西的蛇代表狂暴的海洋，它吞没了遇难者。

而纳赛尔丁·沙在他的《纳赛尔丁·沙游记》(*Safarnama*)中提到“海狐”“海狮”“海象”“水马”，甚至还有“水犀”。现实中的海象或河马，应该是古典波斯文学中的“海象”或“水犀”也许是可以理解的，但灯塔写作“海灯”，海盗写作“水贼”，还有“船”一词，从船（کشتی）变为大船（کشتی بزرك）再增加到大军舰（کشتی بزرك جنگی），最后增加到熟悉的大军舰（کشتی بزرك جنگی آشن پوش）。

是时候质疑波斯文学中航海词语的存在了。将纳斯鲁丁沙阿的陆上之旅与航海之旅对比，用“马车”一词代替“船”这一词语之后，我们会立刻发现，其实这次海上航行就是一次陆上之旅。对于اطاق一词，作为“船舱”和“隔间”讲都是常见的；سفر则是“航行”和“旅程”；داخل شدن意为“进入”和“上船”，متاع是“行李”或“货物”；راندن是“起航”或“驾驶”；等等。没有必要进一步探讨这个问题，波斯文学的证据完全反驳了波斯航海活动的论点，就像史料中的证据完全印证了波斯航海活动这一事实一样。

因此，显然必须在沿海的波斯人和在波斯高原上居住的波斯人之间划出一条硬性的界线；前者和塞巴阿拉伯人一样，是水手；后者和贝都因人一样，是热爱土地的人。这使得约翰·马尔科姆爵士认为，沿海的波斯人根本不是波斯人，而是阿拉伯人，他说：

> 波斯的第四类居民由一些阿拉伯部落组成，他们完全占领了高原山地和波斯湾之间的土地。这片土地……比波斯任何一个内陆省份都更像阿拉伯半岛，这片土地早已被波斯人所抛弃，他们从最早的时代起就在海上拥有对波斯人的优势。

后者确实似乎拥有波斯人在历史上所有时期害怕和憎恶的元素。阿拉伯人不仅拥有海湾和岛屿，而且拥有几乎所有沿海港口。他们的孩子保有这些财产，虽然他们有时在其他名义上服从波斯政府；但是贫穷、炎热的气候、贫瘠的土壤，加上船上的装备，在任何时代都有助于这一种族保有自己野蛮的独立性。[1]

在萨法维时代以前，所有这些都是纯粹的猜测，因为除了大流士在波斯湾频繁进行航海活动，阿尔达希尔-伊-帕帕坎和沙普尔大帝的海军，在伊斯兰教兴起之前，阿曼和也门的省份不也在波斯的控制之下吗？难道对麦格迪西“阿拉伯半岛上的大部分造船者和海员是波斯人”[2]的证据视而不见吗？尽管波斯湾沿岸有波斯人，内陆也有波斯人，但在我看来，二者之间对大海看法的区别只是他们离海远近的分别，而不是种族上的区别。因为大海对于内地人来说是如此凶险，周围的大洋对于沿海的波斯人来说也是如此，马苏迪在公元965年写道：

索法拉是阿曼和尸罗夫的船只在赞吉海的航行极限。[3]

公元1514年，杜阿尔特·巴尔博萨几乎一字不差地重复道：

阿拉伯的摩尔人、波斯人，或印度人，由于强大的洋流和暴风雨，从未航行抵达过这里（圣塞巴斯蒂安角），也没有发现过这些国家。

1. 约翰·马尔科姆（J.Malcolm）：《波斯史》（*History of Persia*），第二卷，第63页。
2. 约翰·马尔科姆：《波斯史》，第二卷，第125页。
3. 约翰·马尔科姆：《波斯史》，第二卷，第125页。

从非洲到中国海上贸易航线的建立，并没有消除他们对周围其他大洋的恐惧，对阿拉伯人和波斯人来说，赞吉海是他们海上航行的极限。